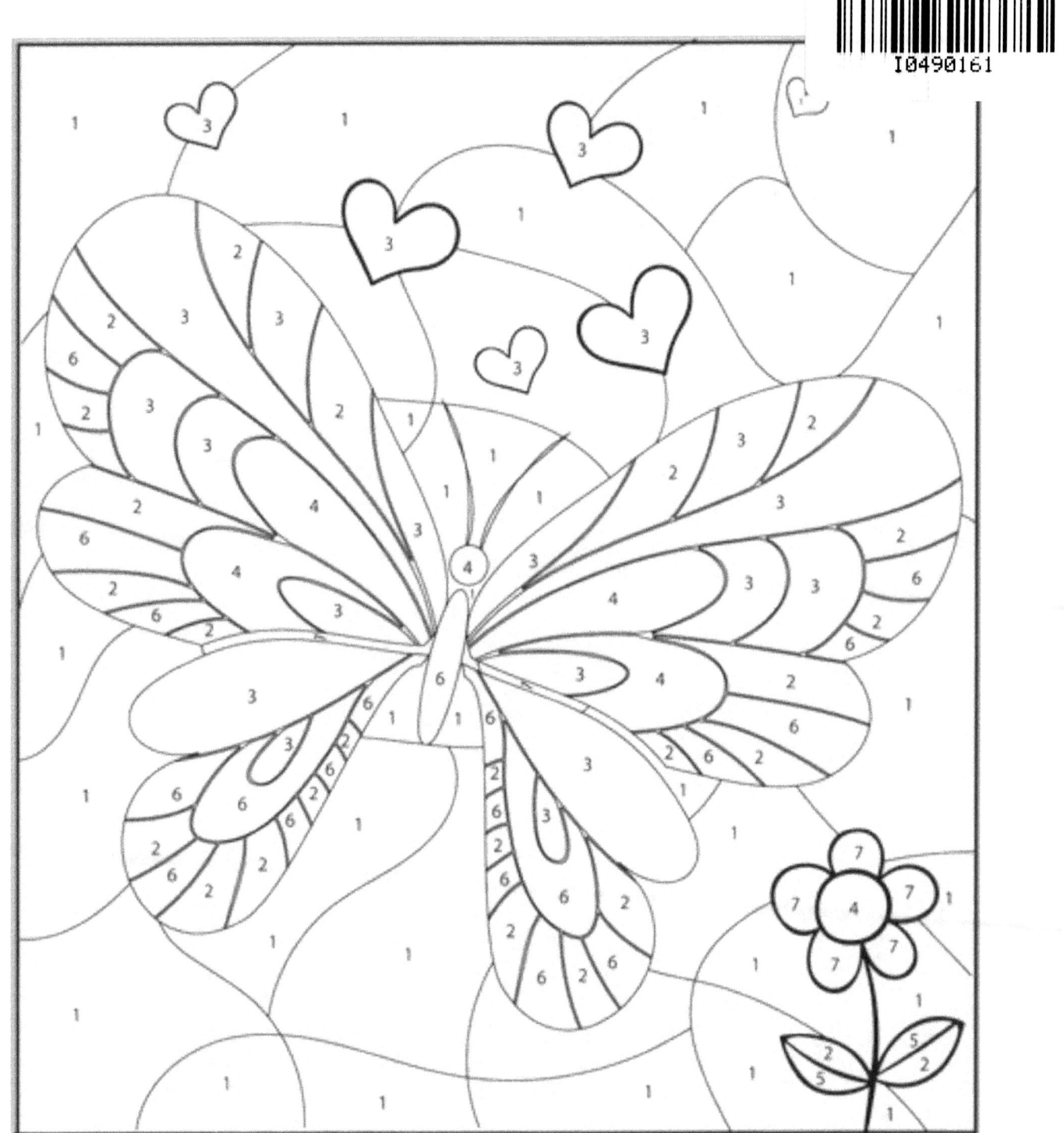

1.yellow 2.lemon 3.blue 4.red
5.green 6.pink 7.purple

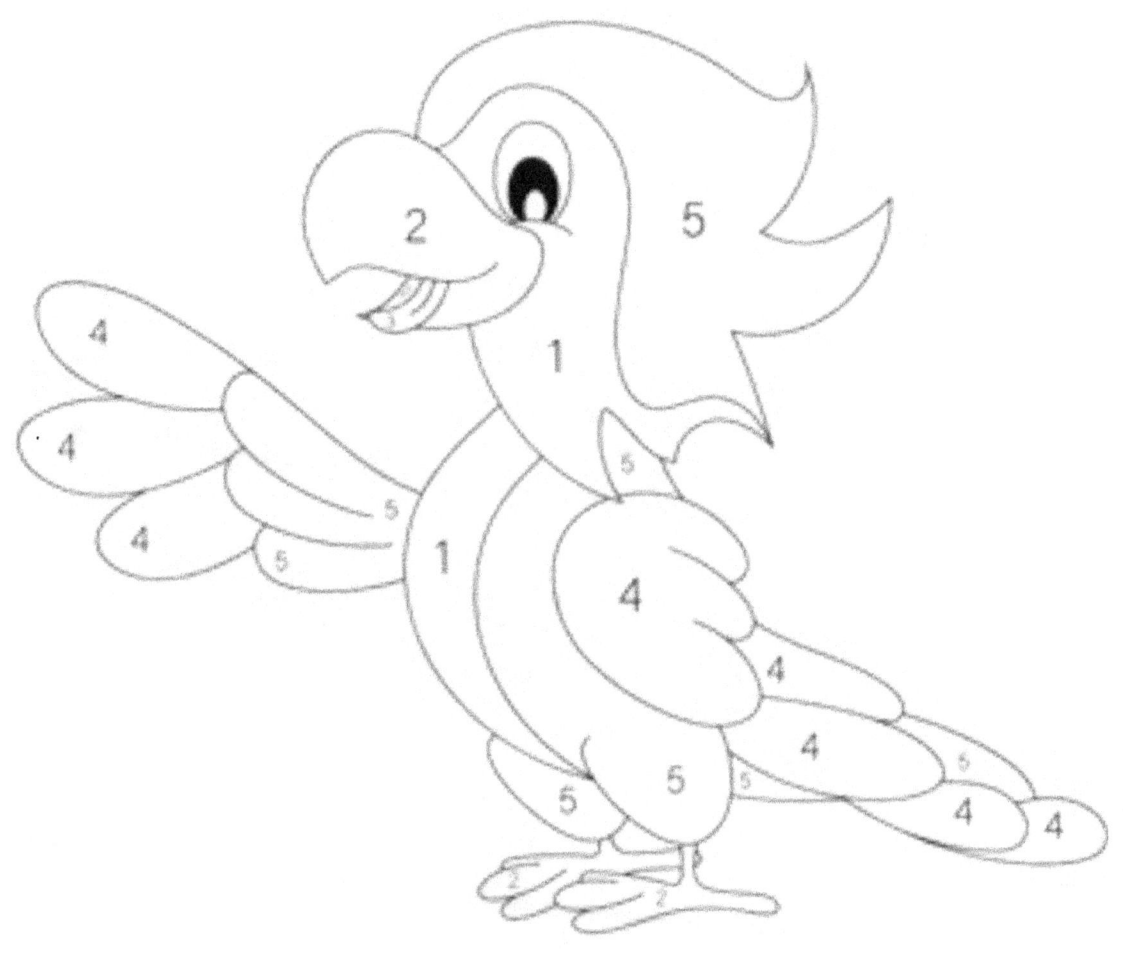

1.yellow 2.orange 3.pink

4.aqua 5.blue

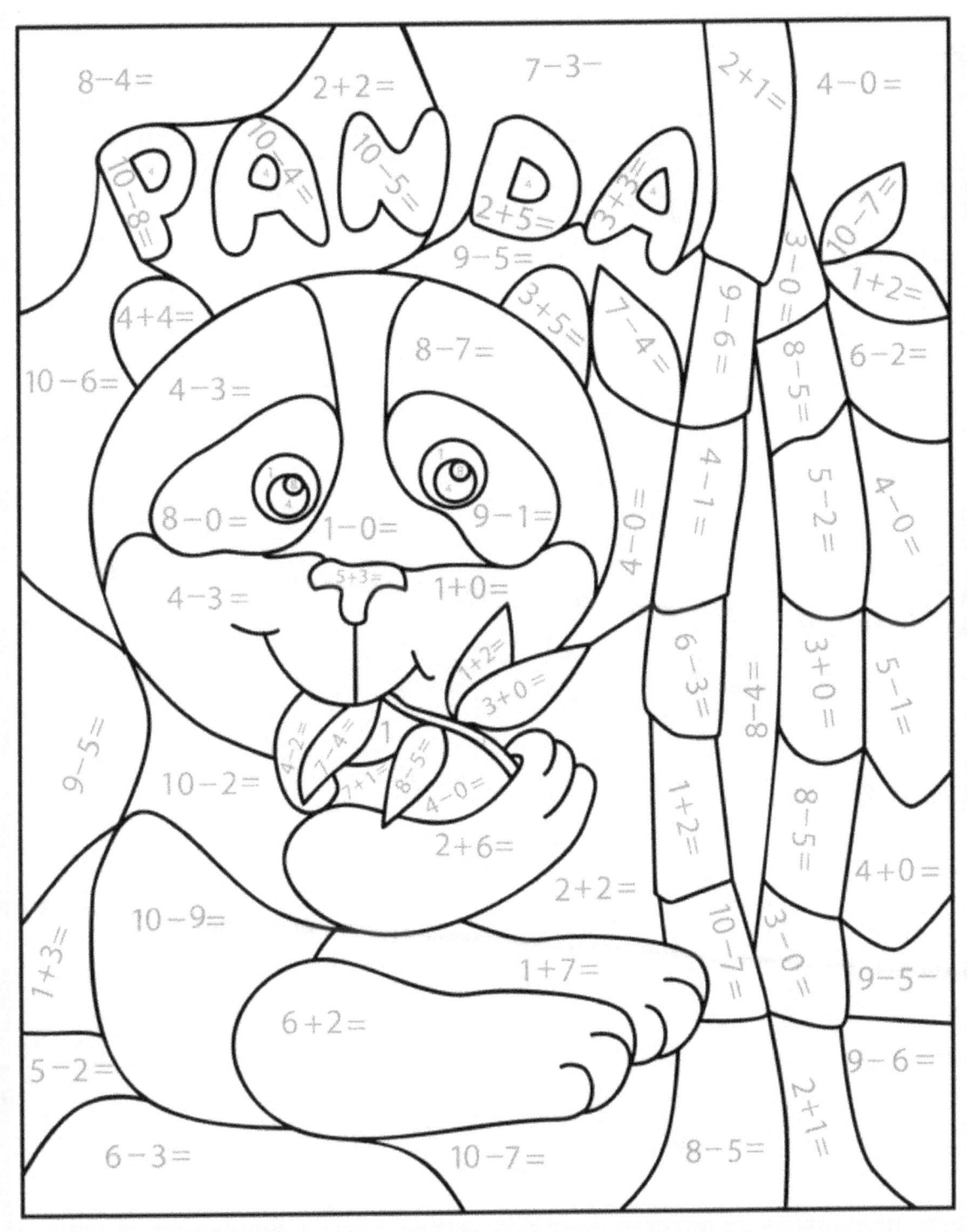

1.white 2.pink 3.lime 4.sky 5.yellow
6.orange 7.blue 8.black

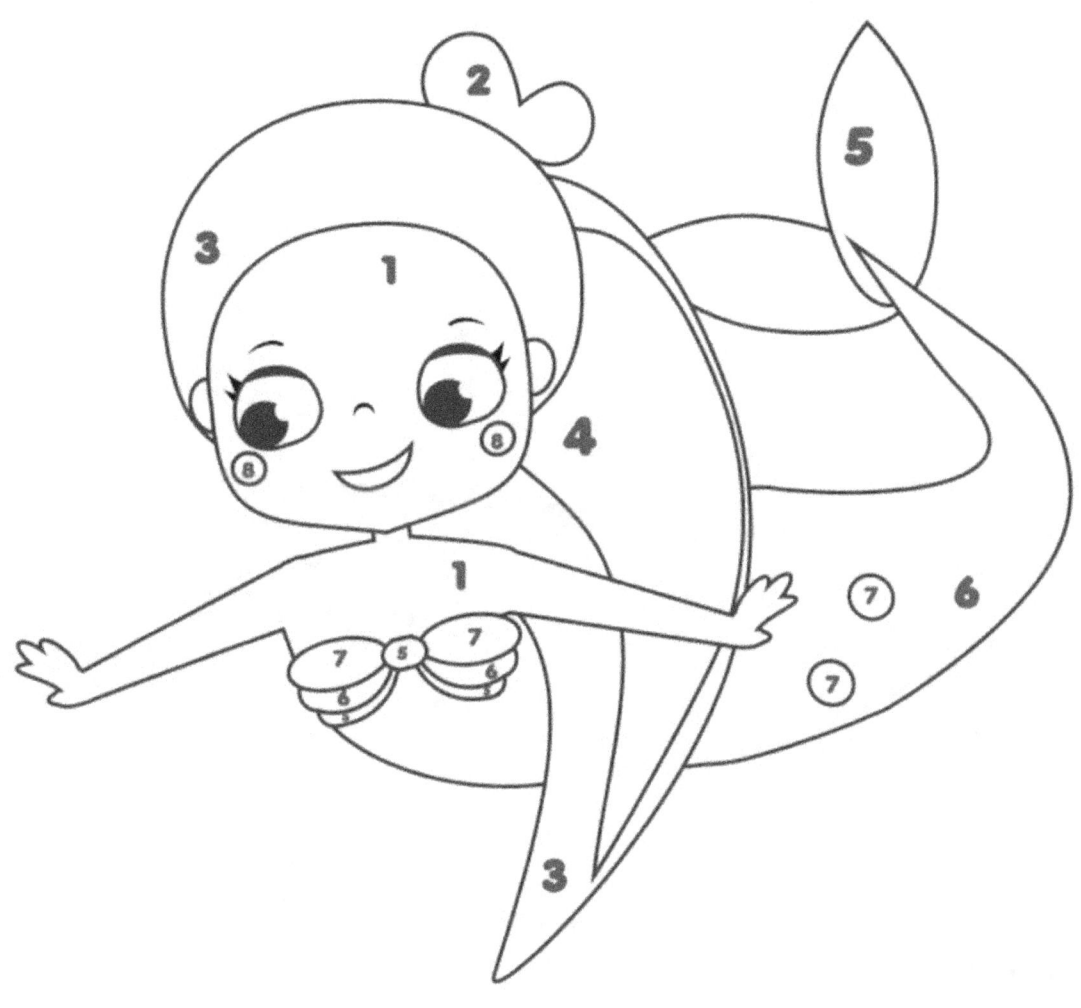

1.wheat 2.yellow 3.navy 4.dark blue
5.light green 6.sky 7.aqua 8.pink

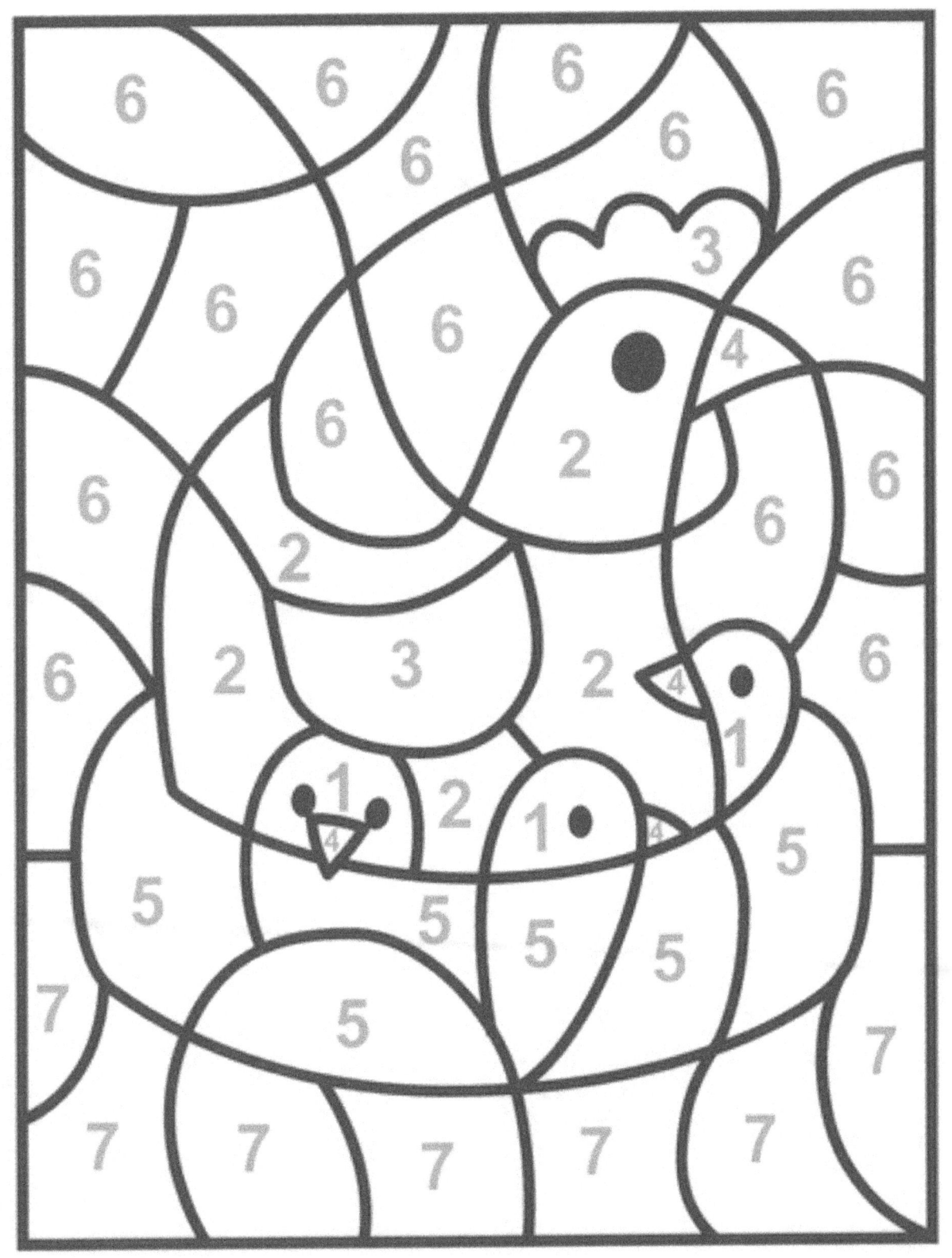

1.wheat 2.yellow 3.orange
4.red 5.brown 6.pink 7.peach

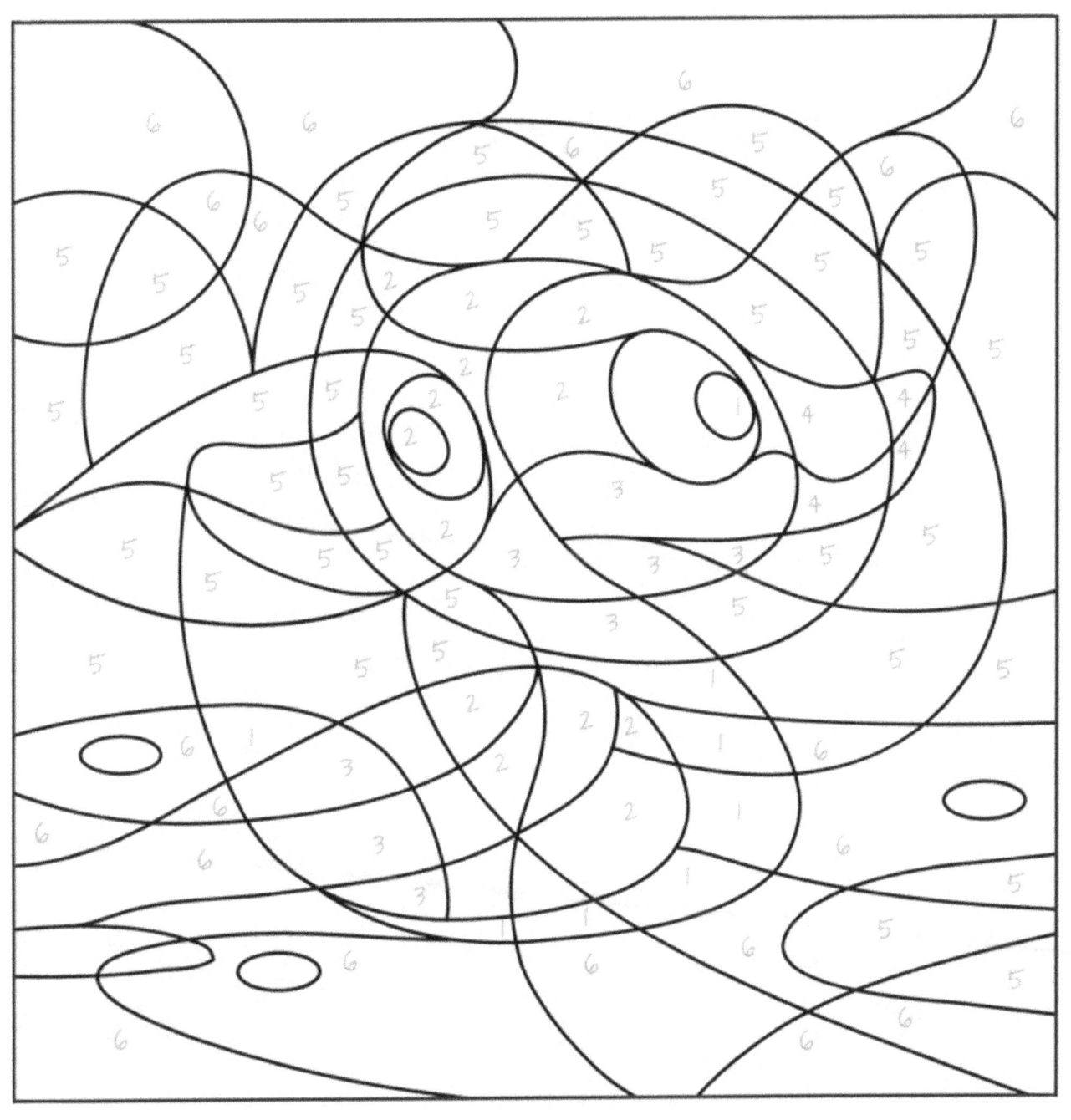

1.black 2.green 3.yellow 4.red
5.aqua 6.blue

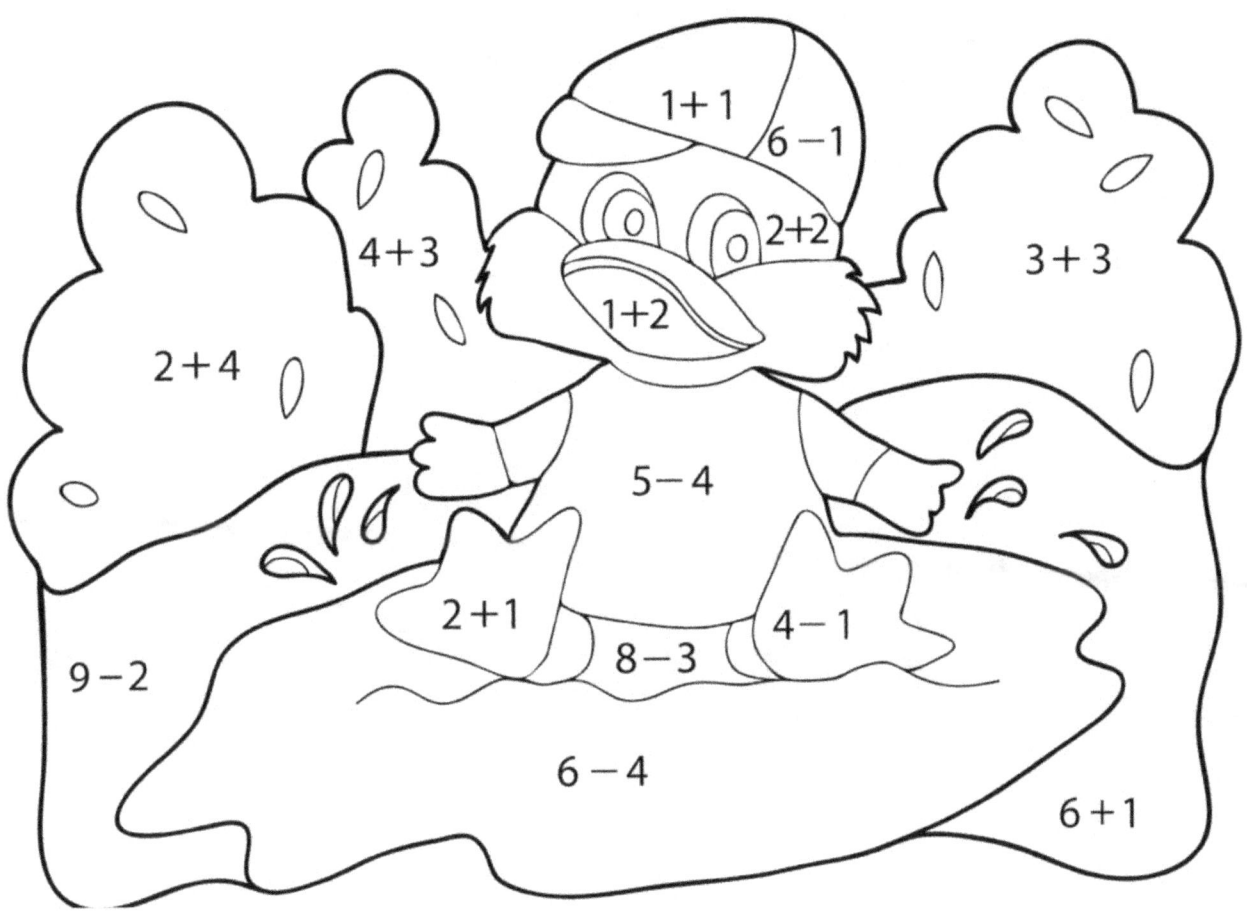

1.gray 2.sky 3.orange 4.yellow
5.navy 6.lime 7.green

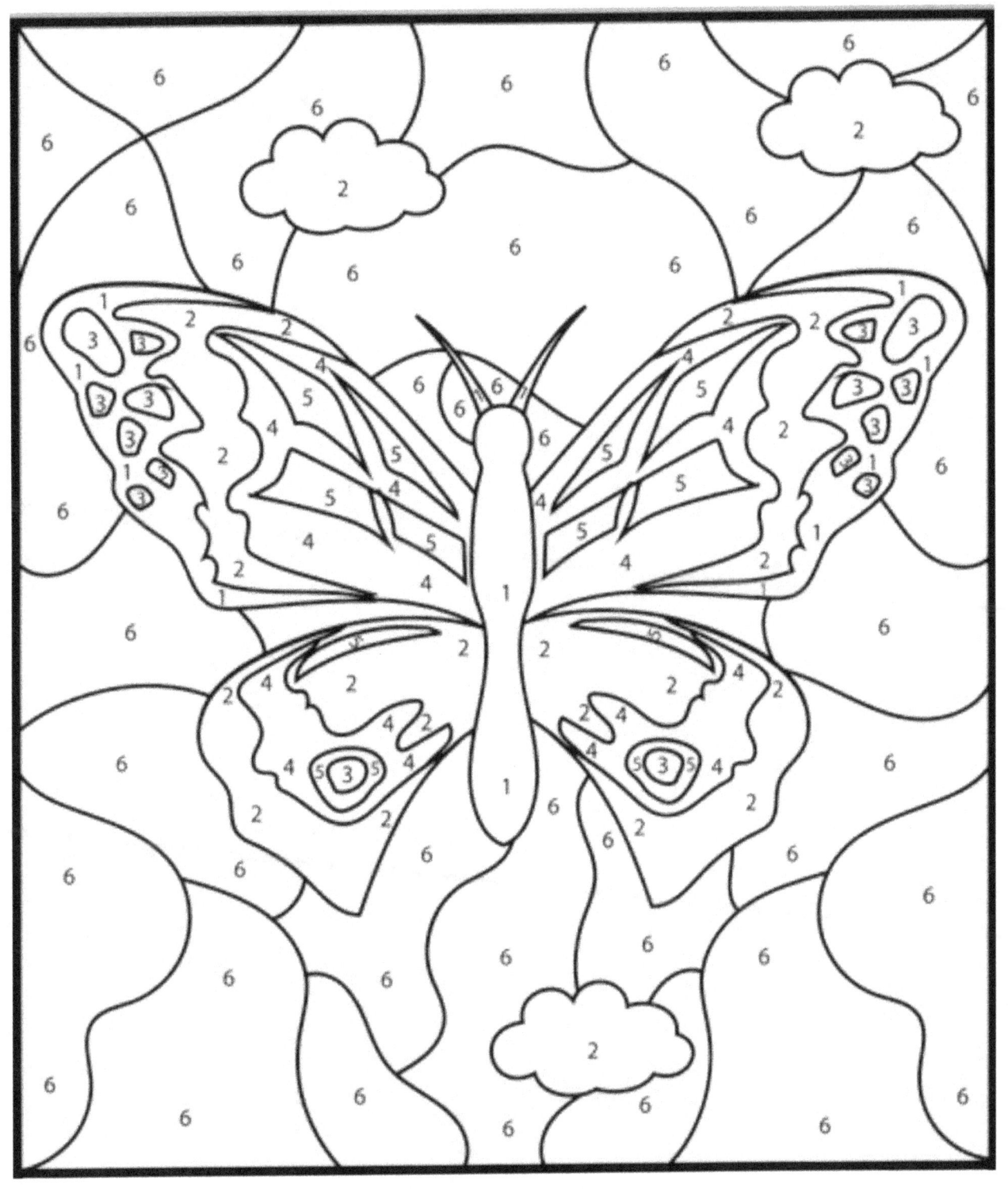

1.black 2.cyan 3.white
4.blue 5.yellow 6.pink

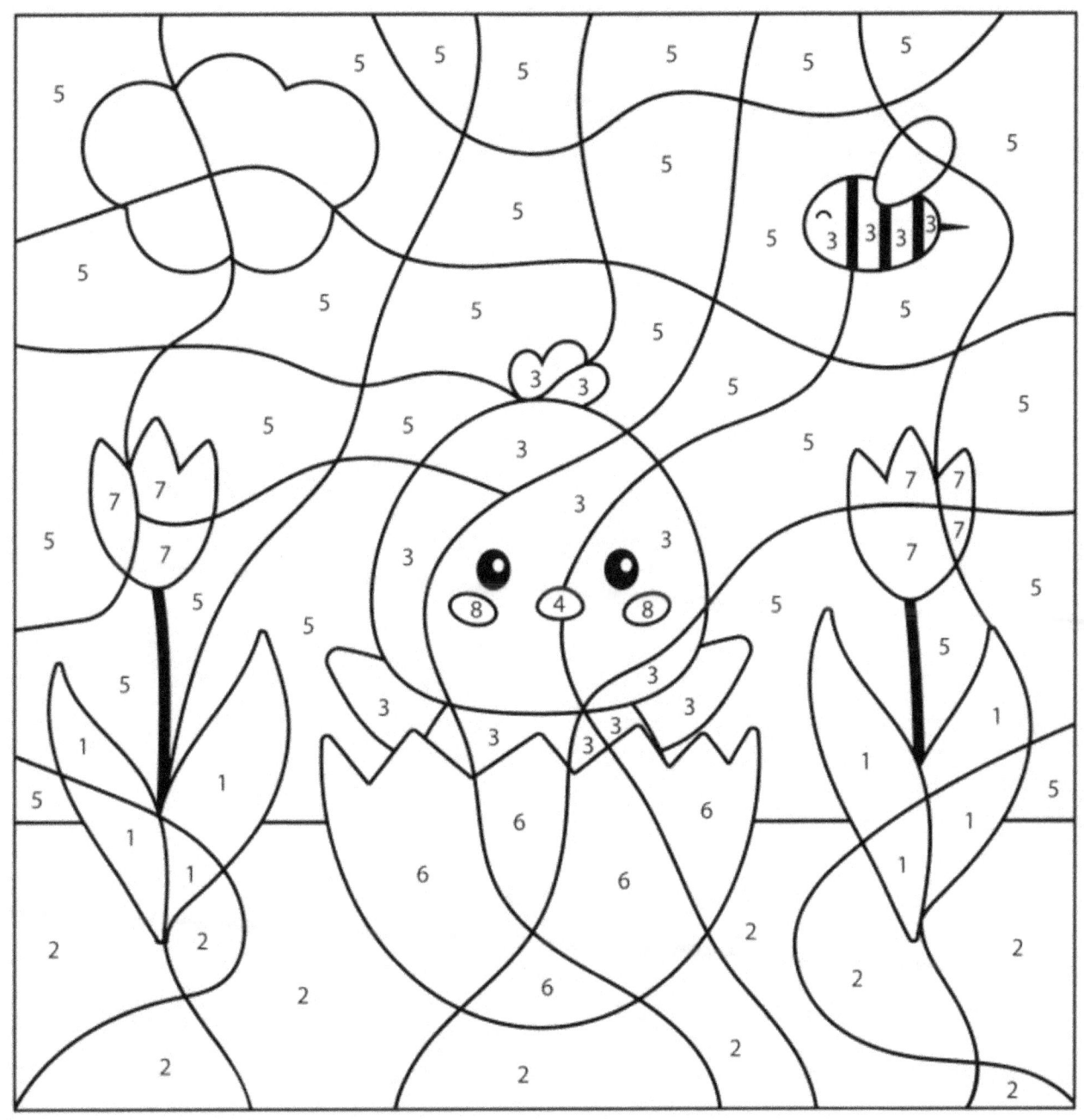

1.lime 2.green 3.yellow 4.orange

5.aqua 6.light green 7.red 8.pink

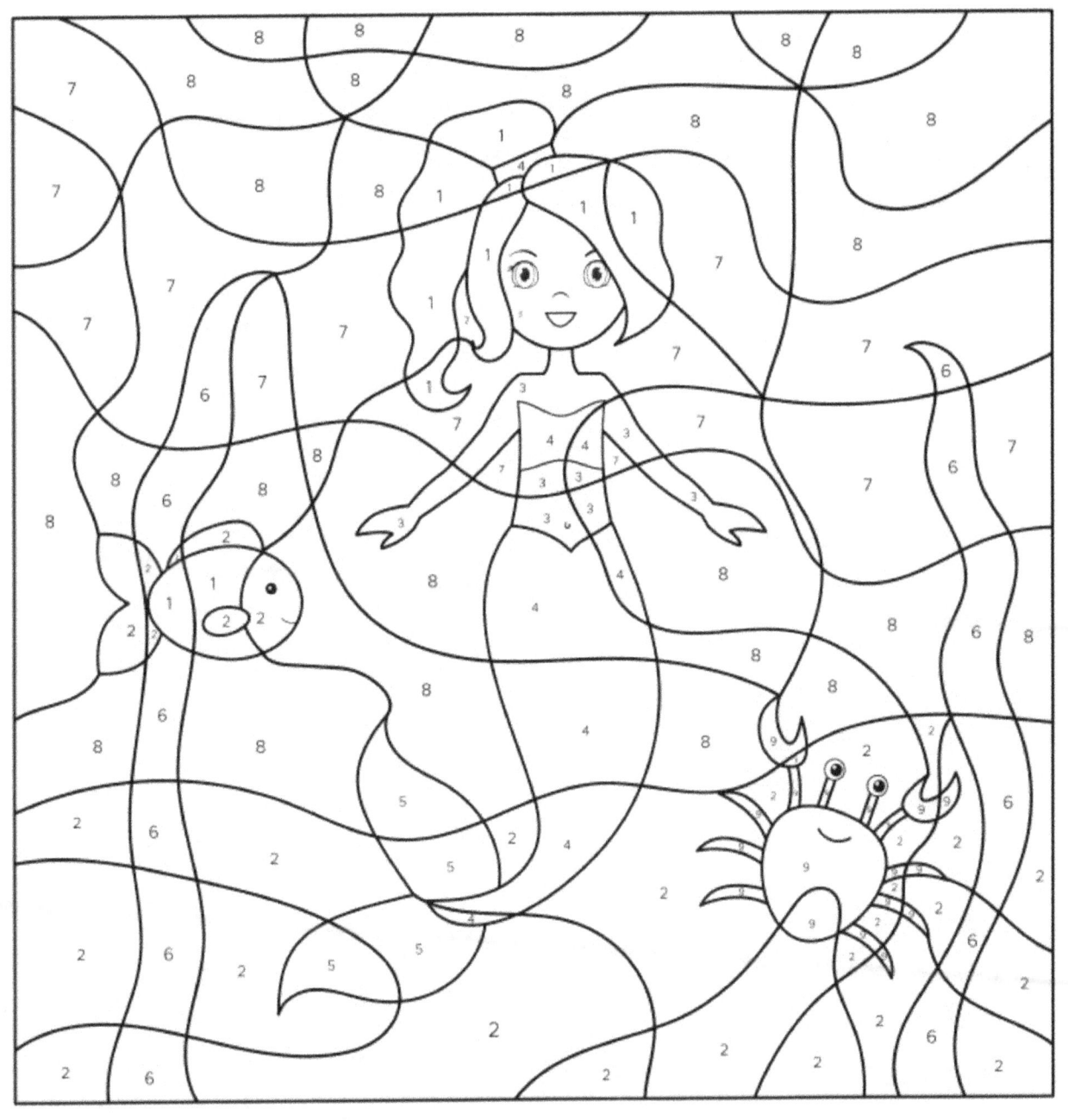

1.yellow 2.orange 3.pink 4.light pink
5.wheat 6.green 7.light blue 8.bue 9.red

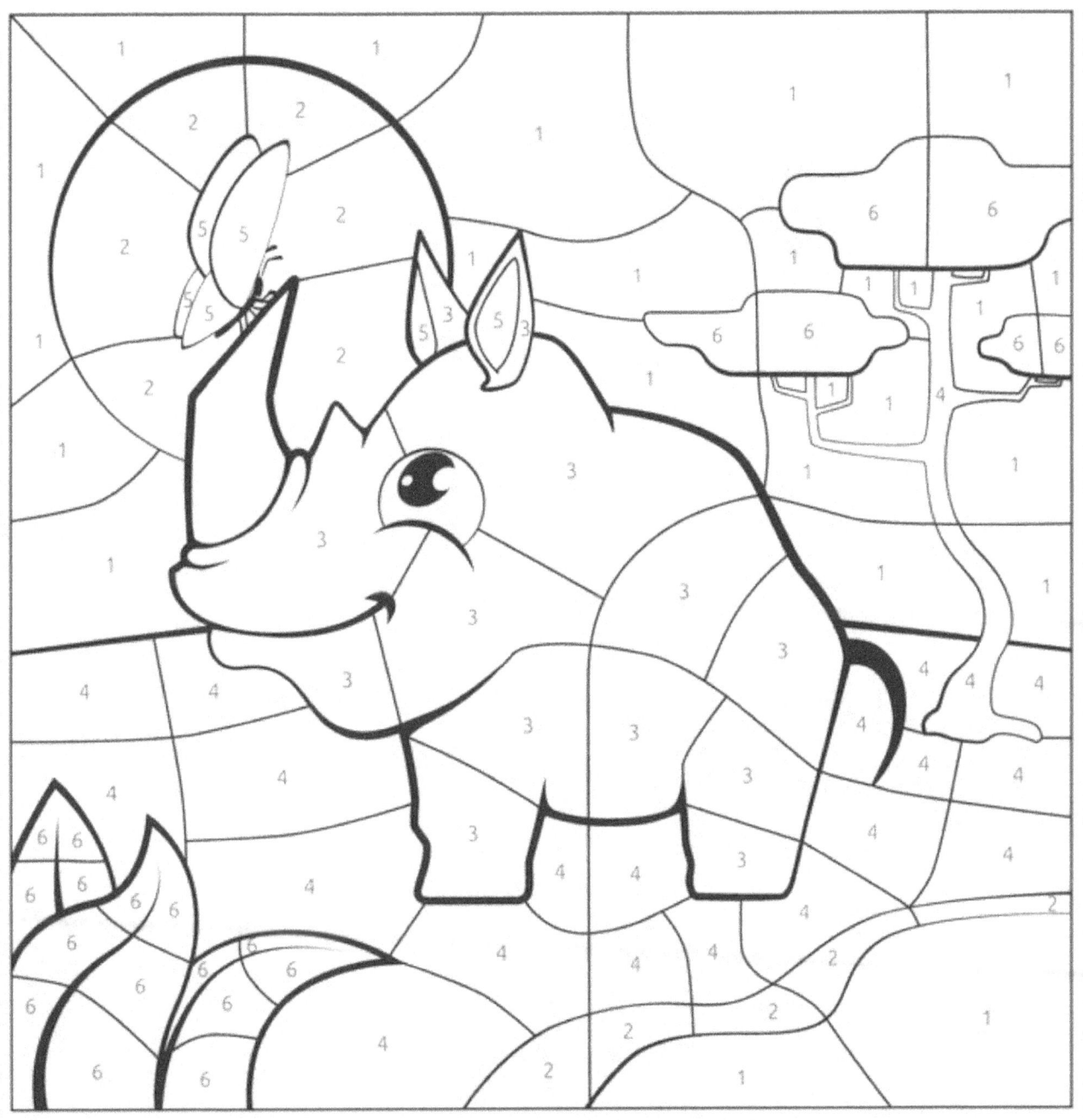

1.sky 2.yellow 3.navy
4.chocolate 5.pink 6.green

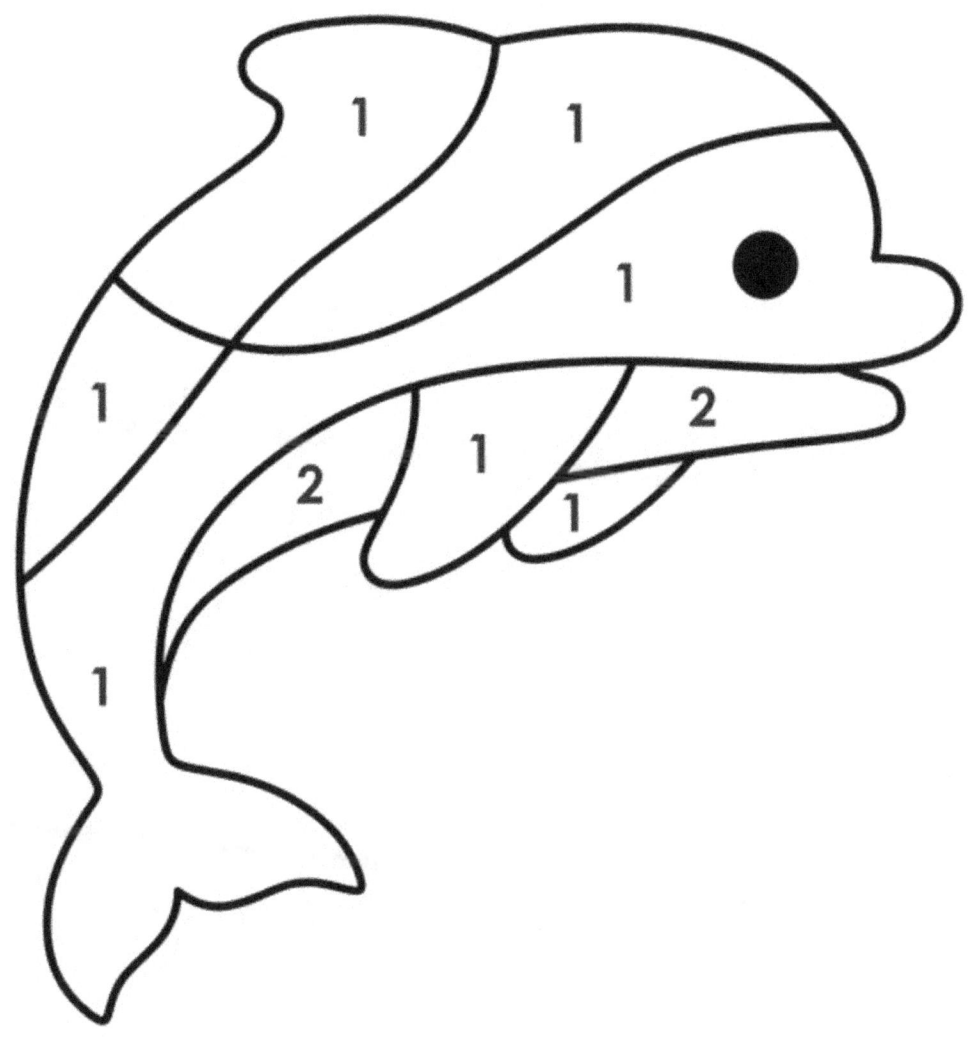

1-blue 2-silver

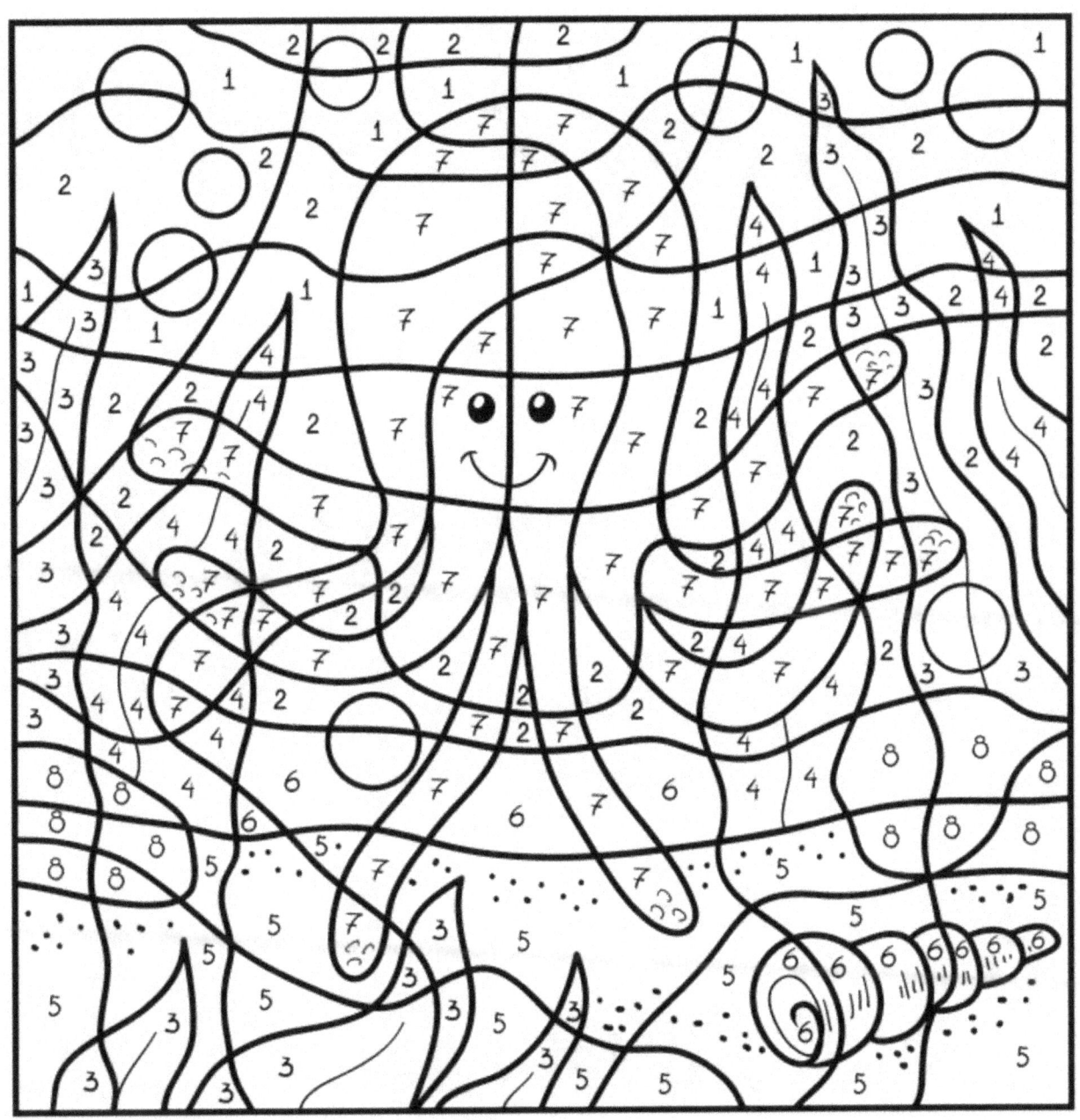

1.sky 2.blue 3.light green
4.green 5.yellow 6.orange
7.teal 8.gray

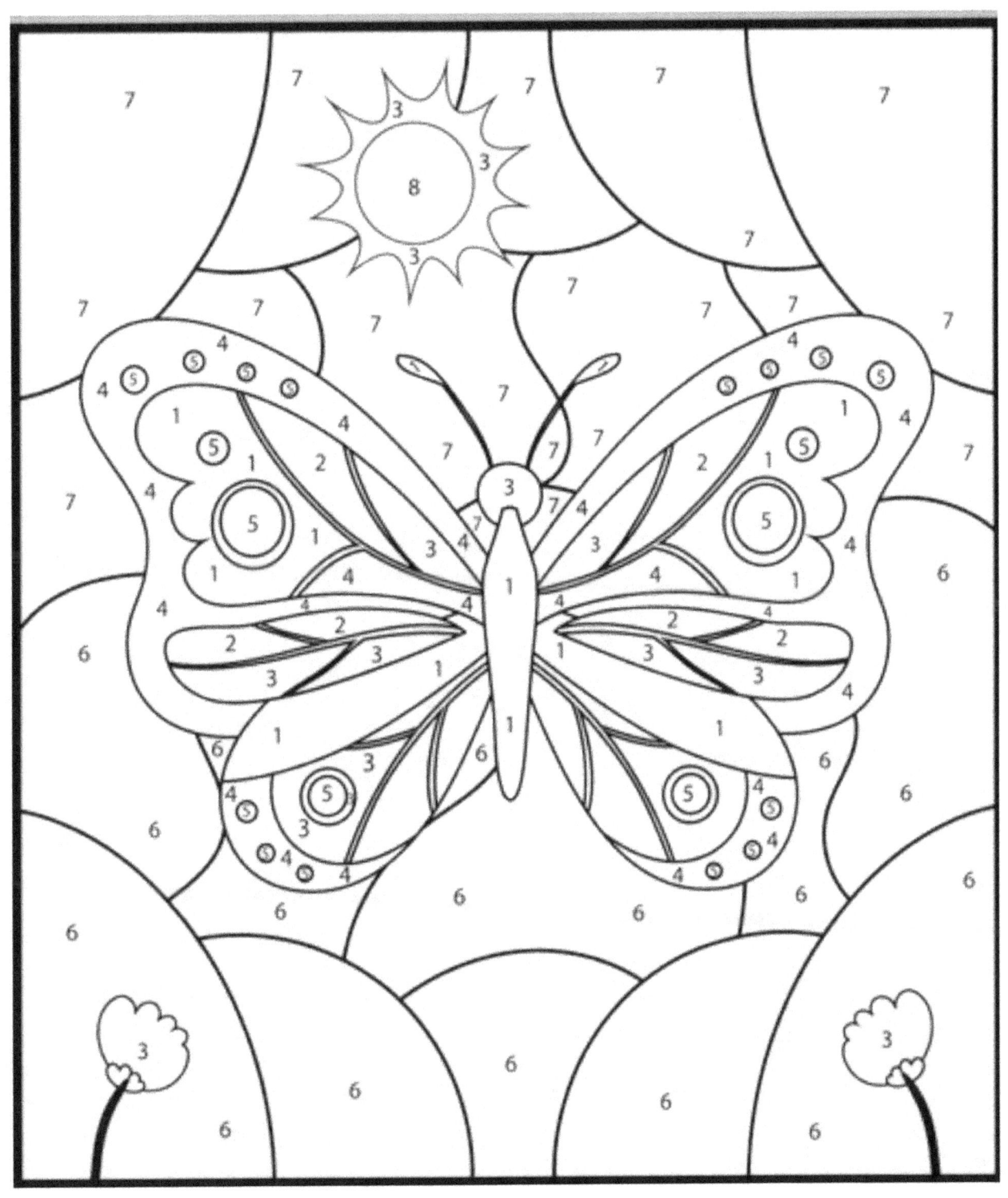

**1.black 2.green 3.magenta 4.pink
5.silver 6.dark green 7.blue 8.yellow**

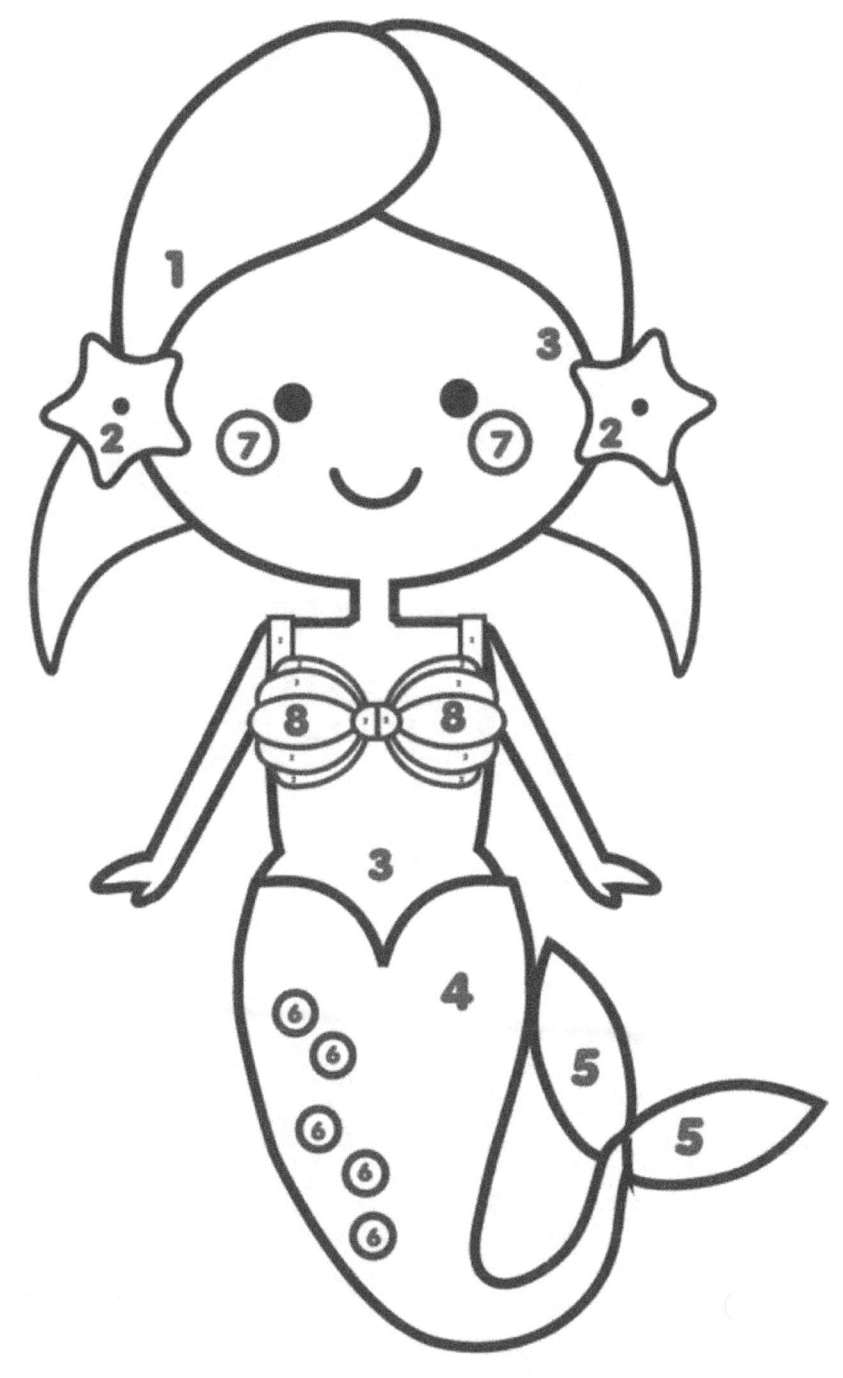

1.bronze 2.sky 3.wheat 4.dark green

5.green 6.light green 7.purple 8.dark red

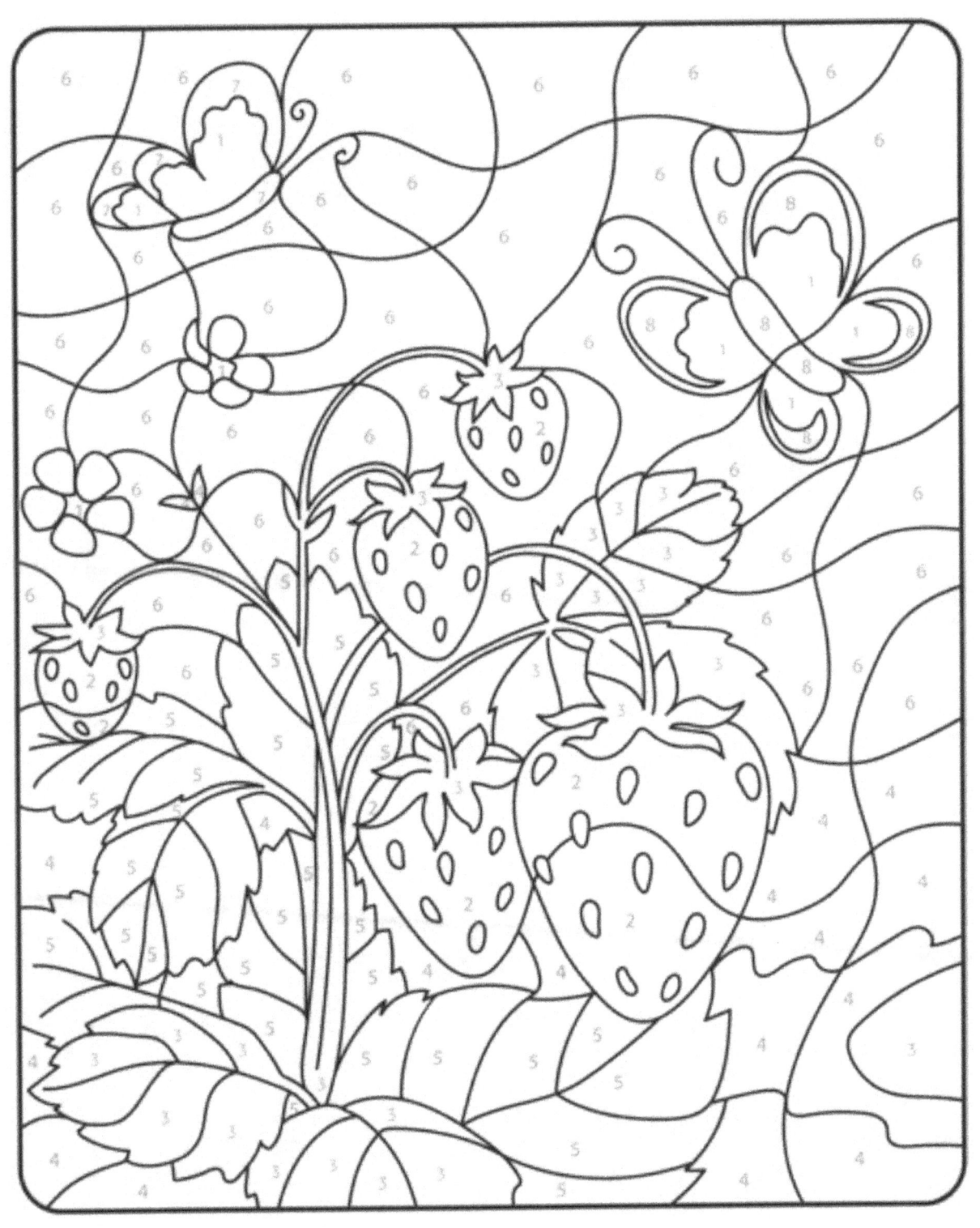

1.yellow 2.red pink 3.light green 4.lime 5.green 6.turquoise 7.pink 8.blue

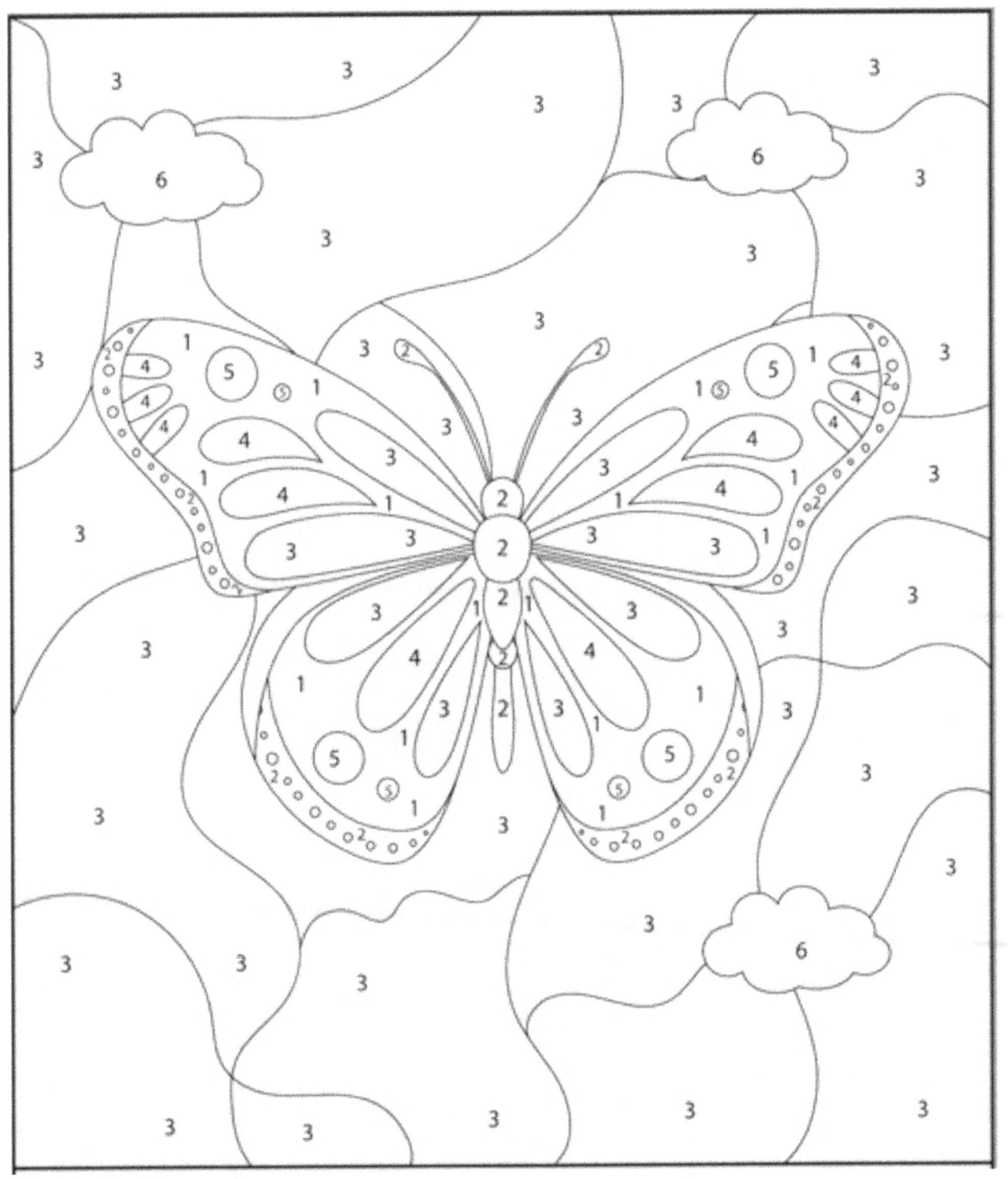

1.black 2.blue 3.cyan
4.magenta 5.yellow 6.white

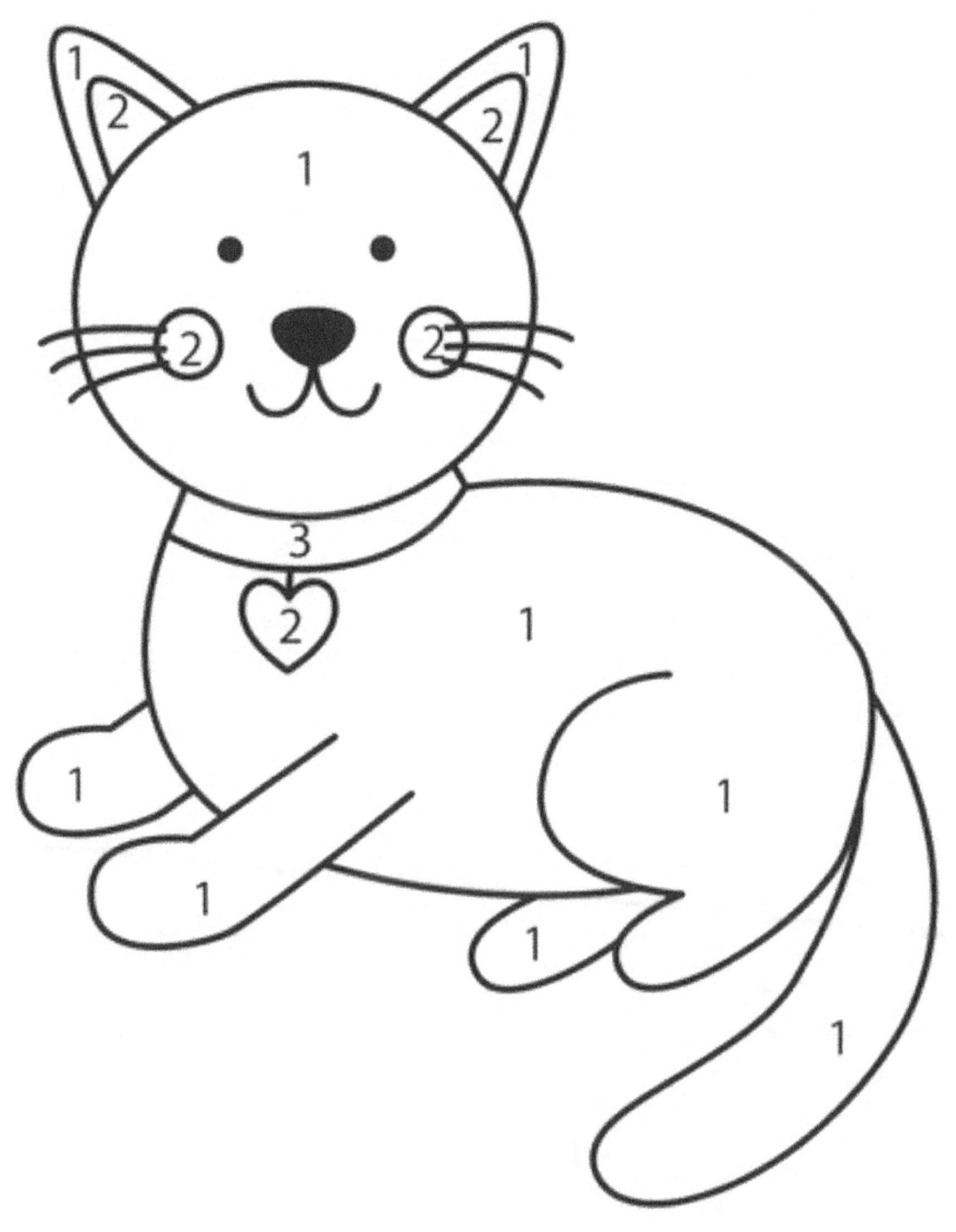

1.gray 2.red 3.yellow

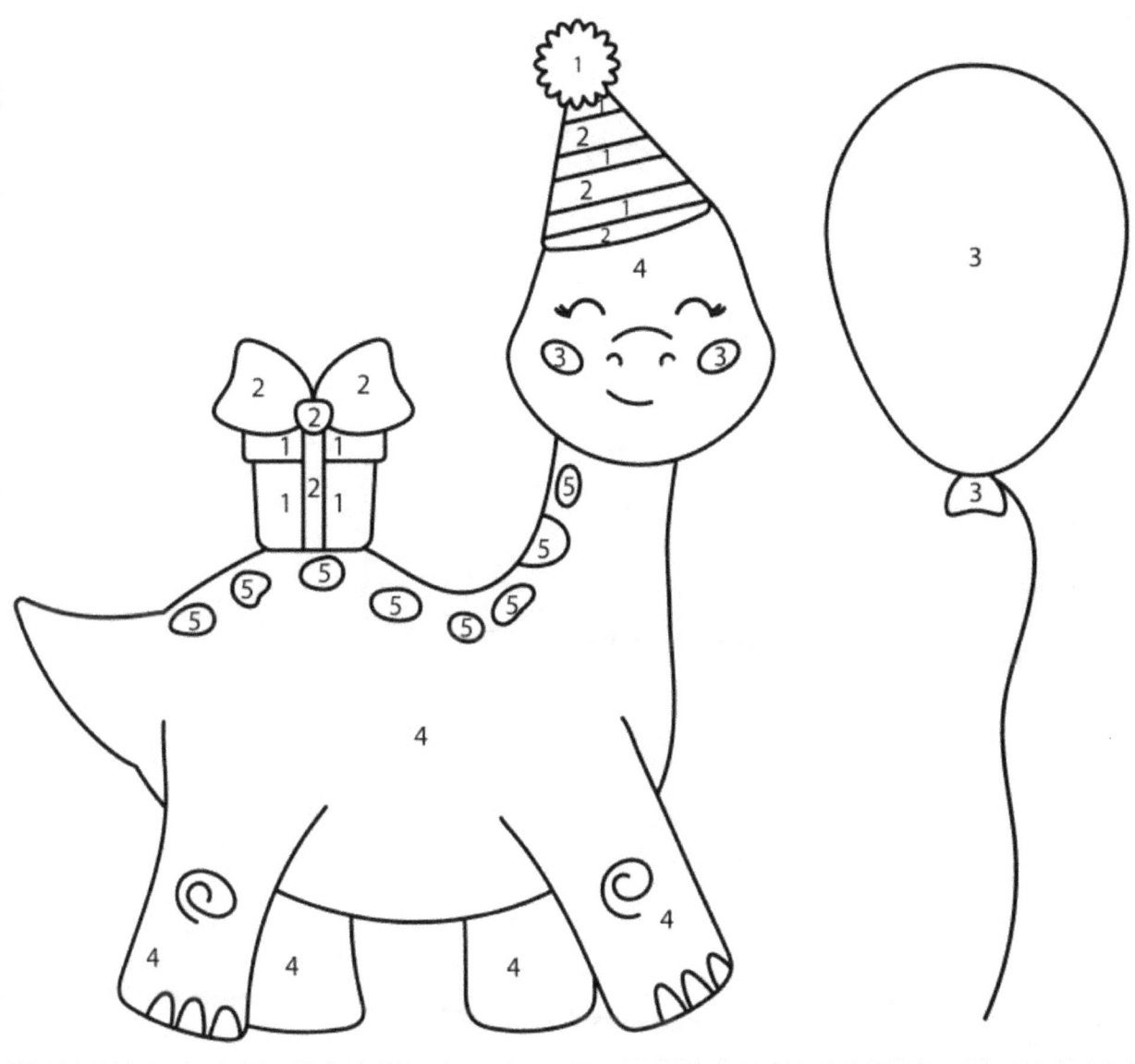

1.navy 2.yellow 3.red
4.light green 5.green

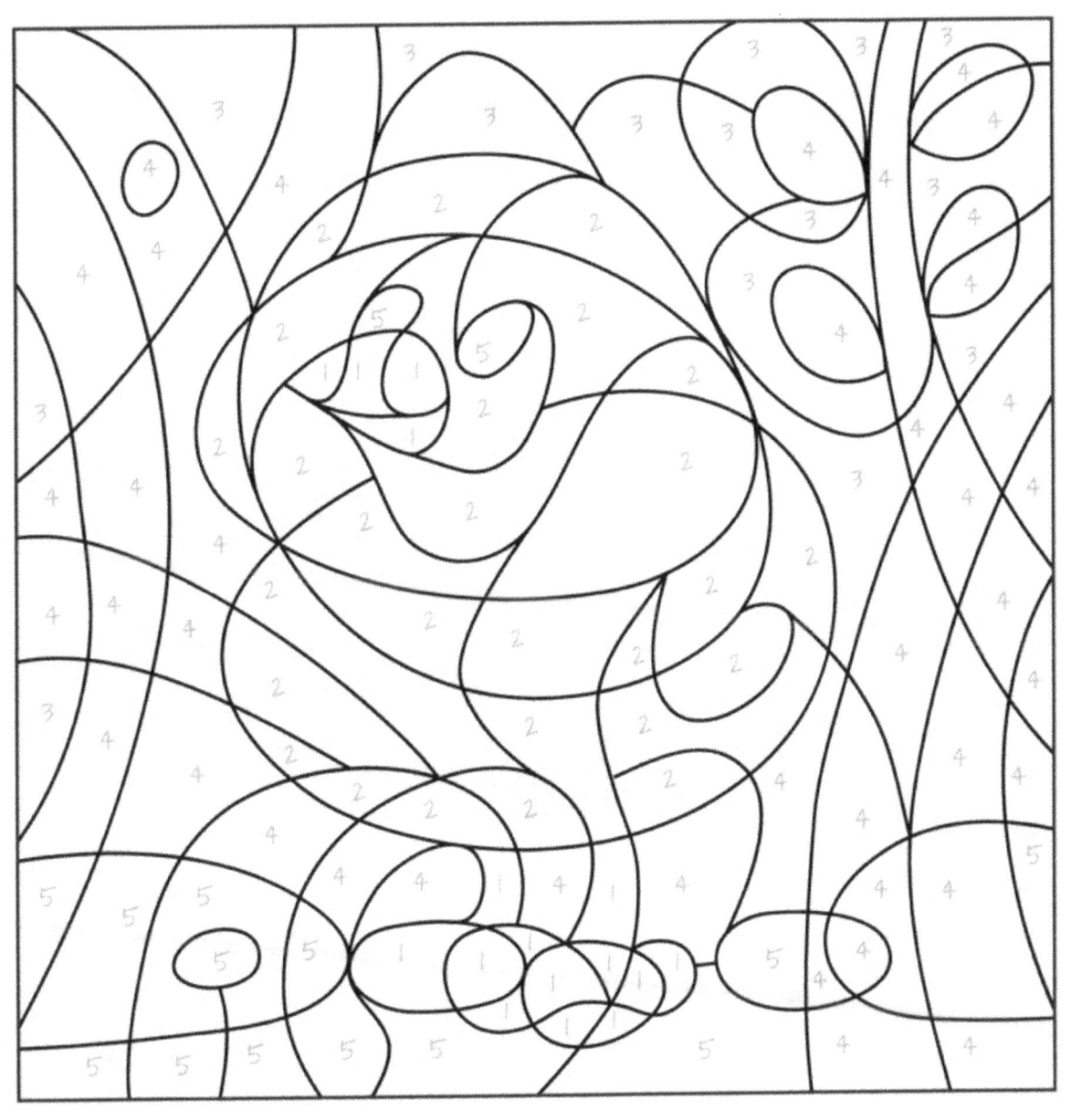

1.red 2.yellow 3.light green4.green 5.black

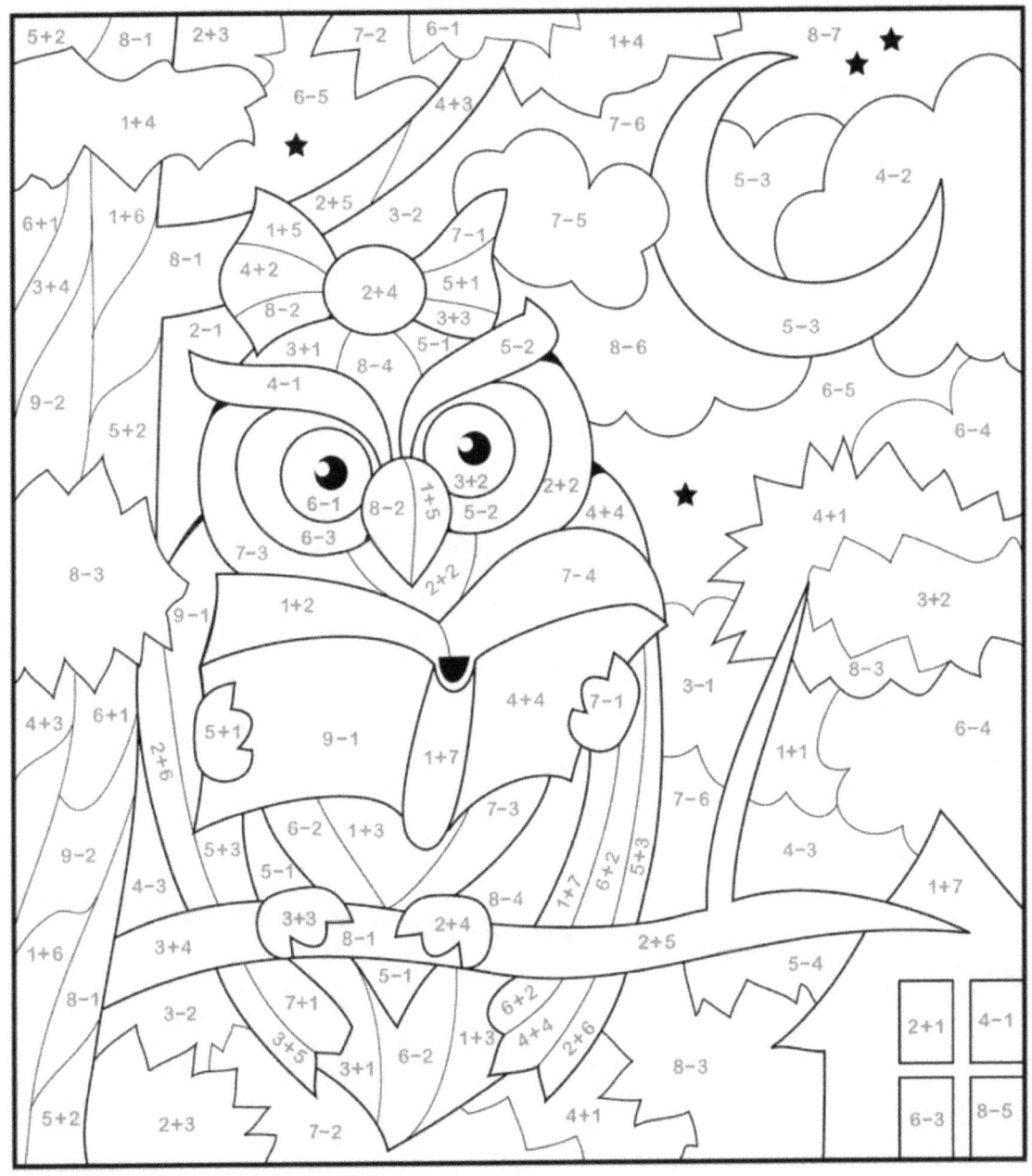

1.navy 2.blue 3.yellow 4.orange
5.green 6.magenta 7.brown 8.red

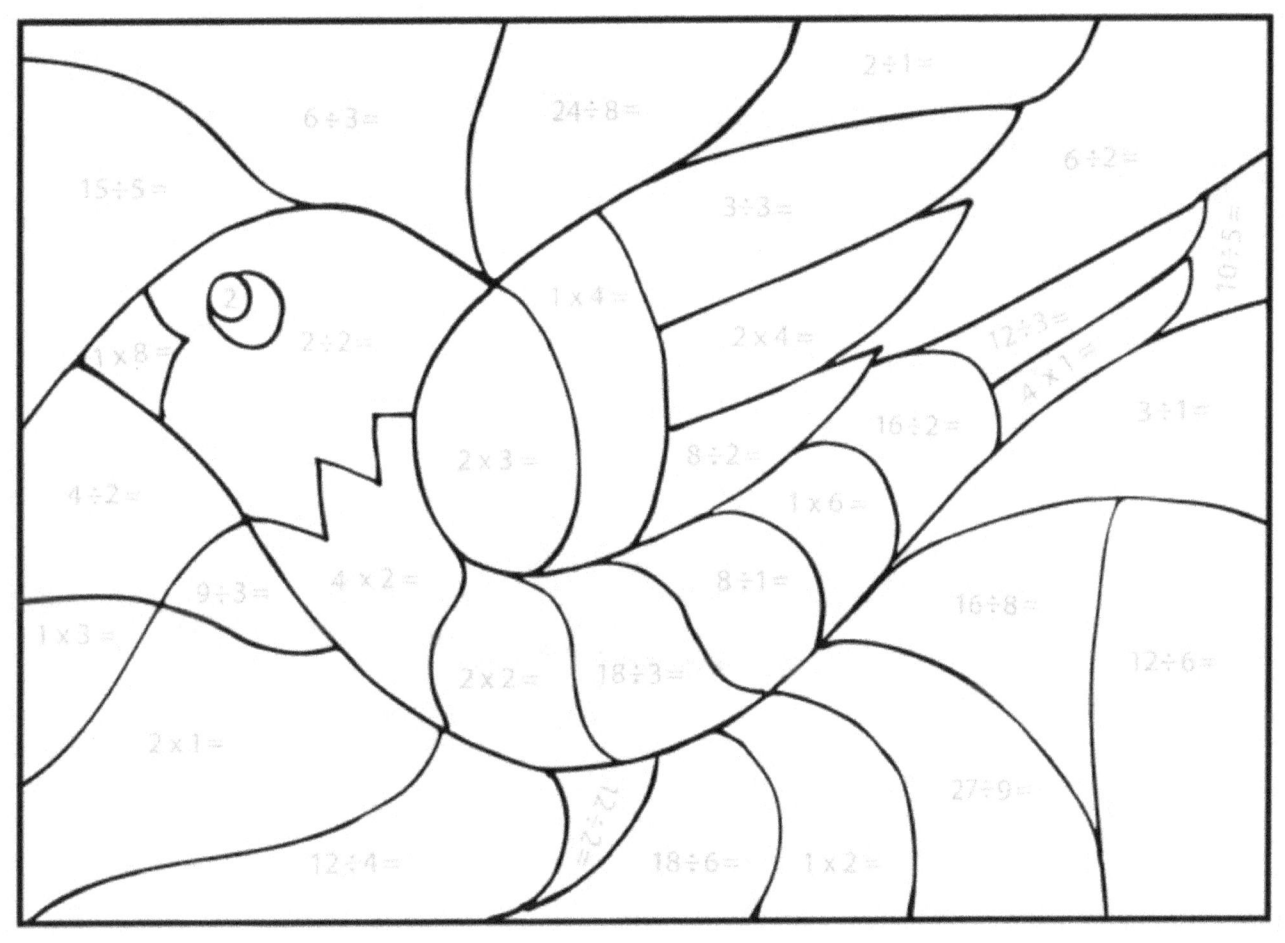

1.yellow 8.orange 4.red
2.aqua 3.blue 6.brown

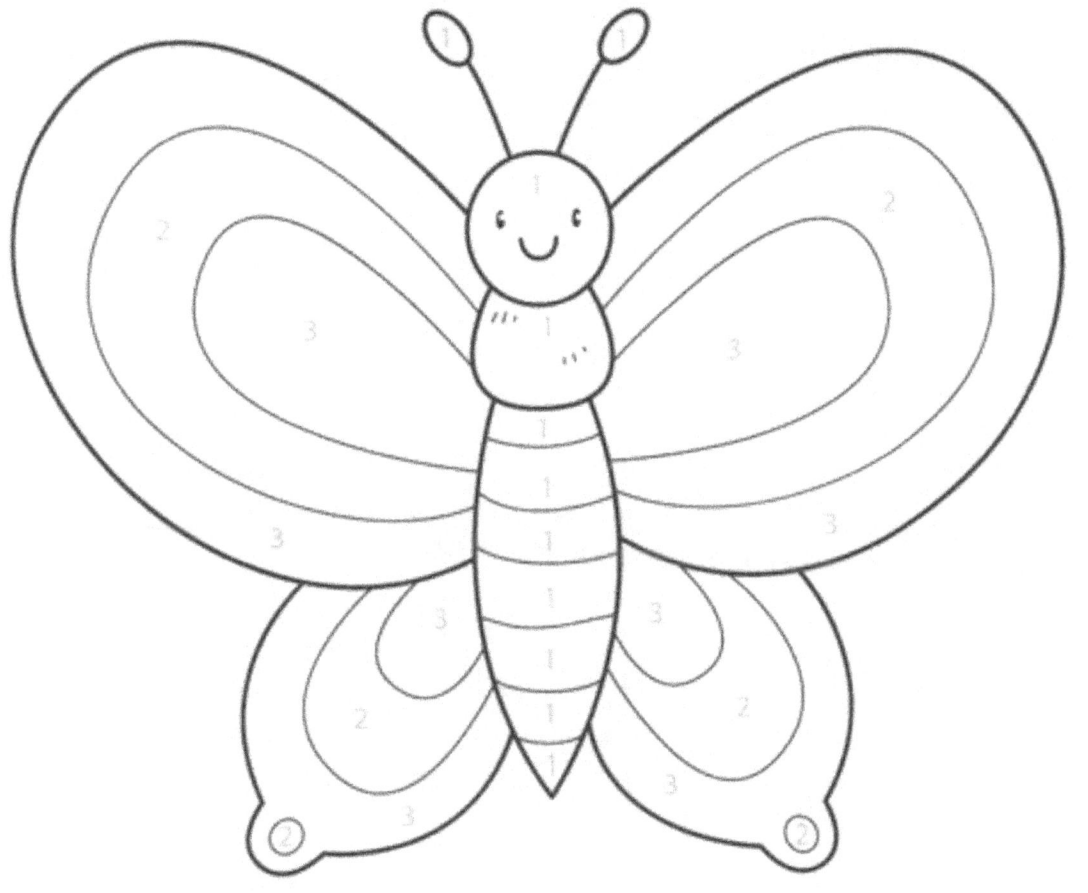

1.yellow 2.blue
3.cyan

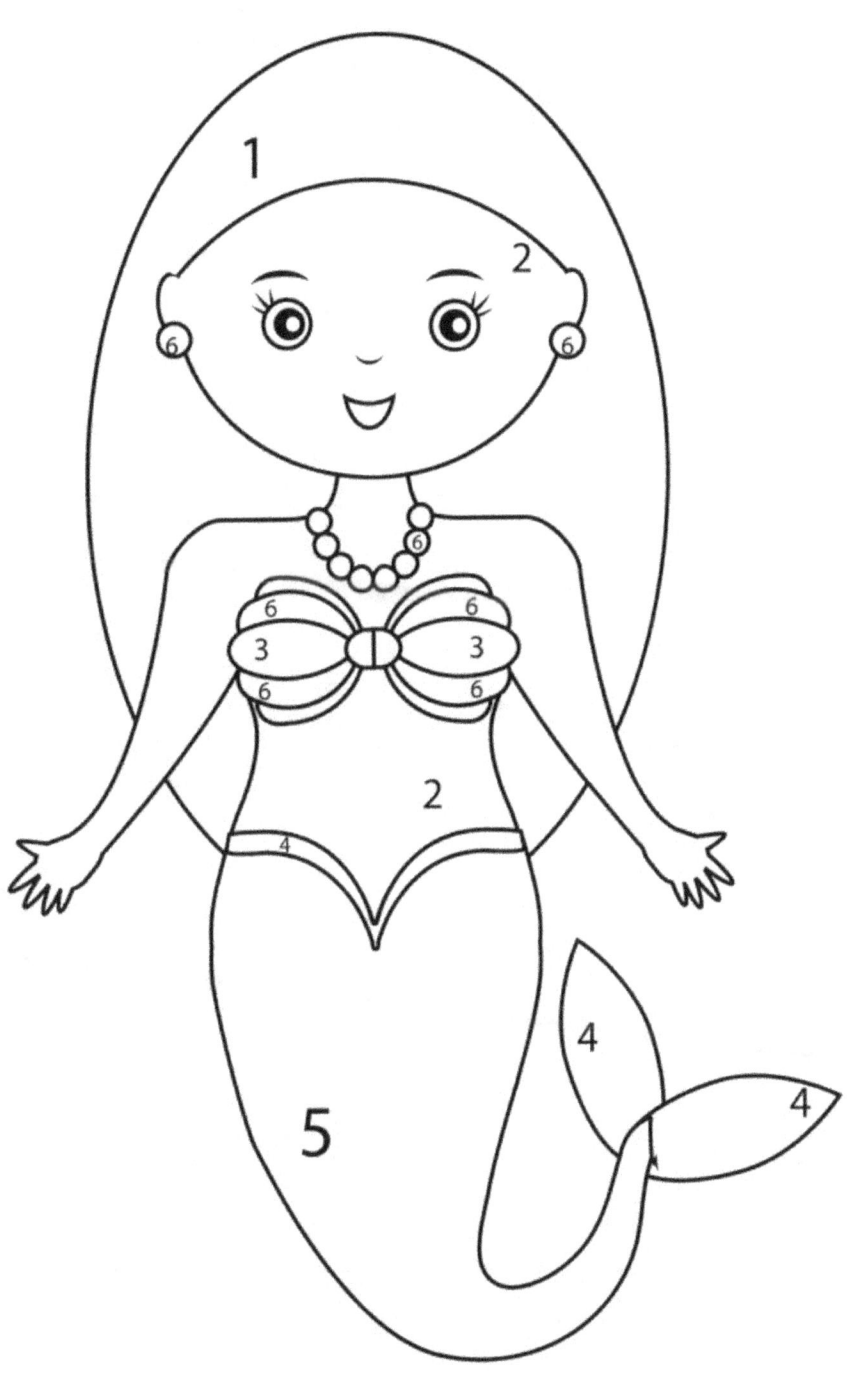

1.orange 2.light pink 3.yellow
4.light green 5.green 6.blue

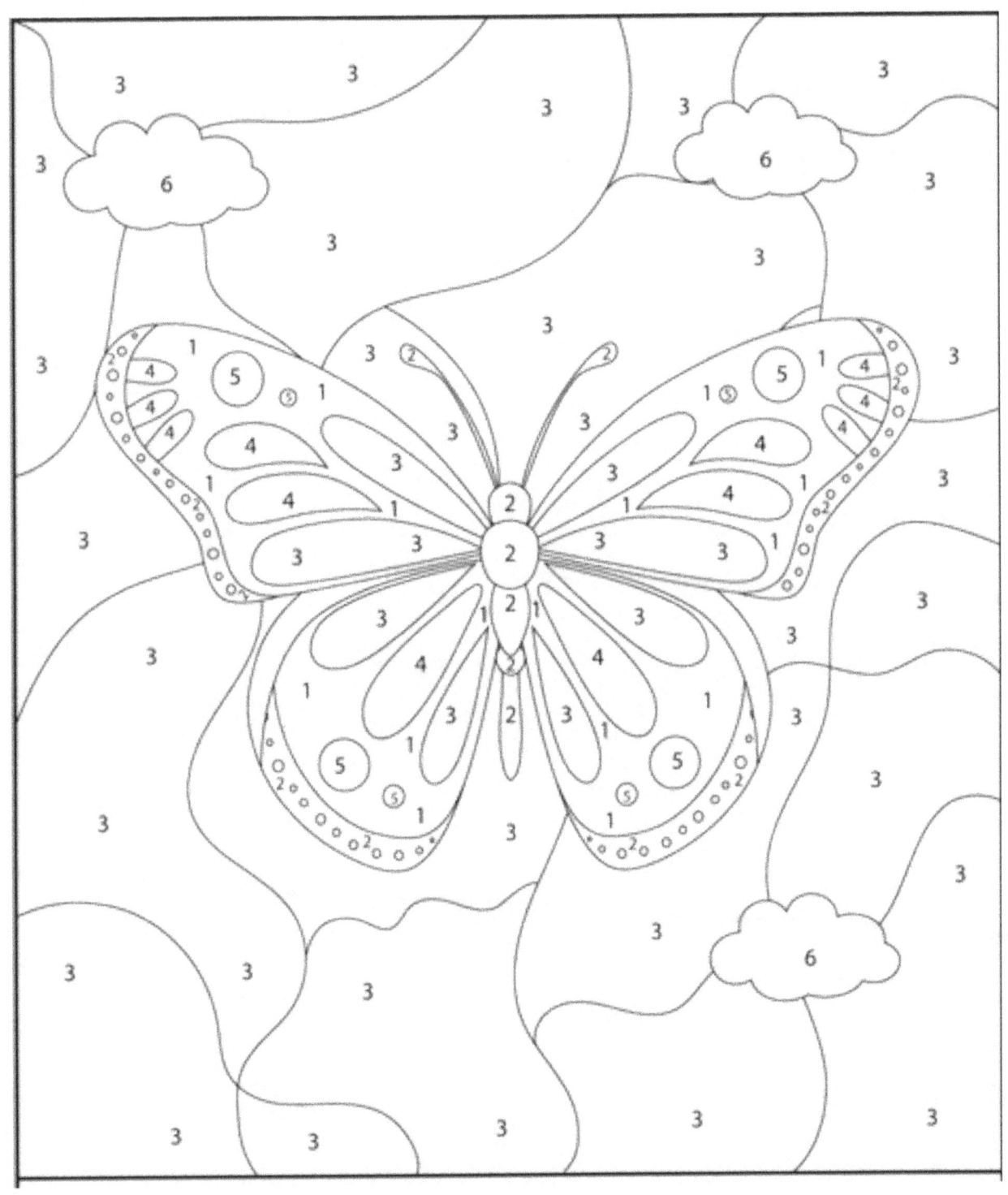

1.black 2.blue 3.cyan
4.magenta 5.yellow 6.white

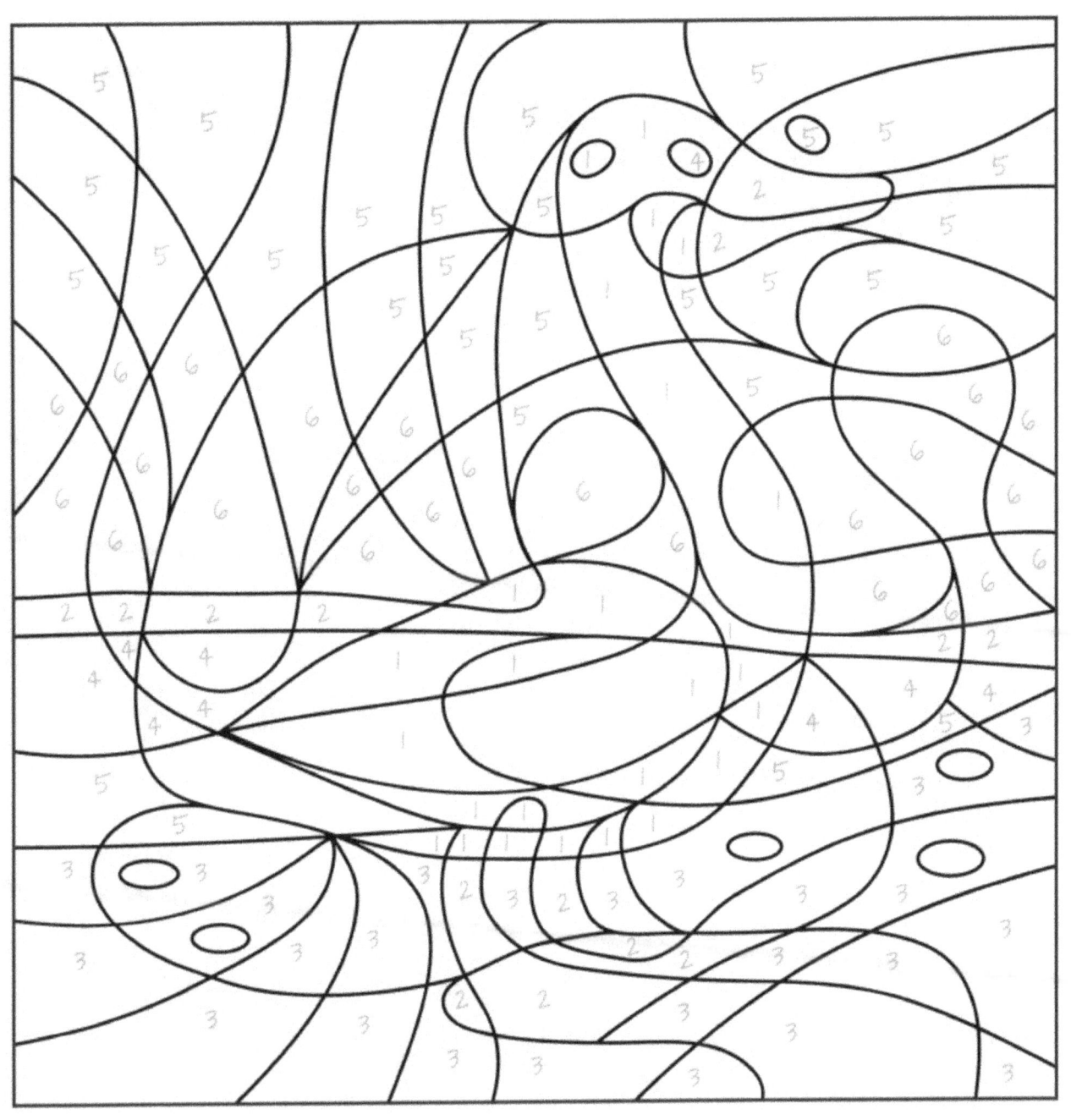

1.gray 2.orange 3.aqua 4.navy
5.lime 6.silver

1.sky 2.blue 3.navy 4.yellow 5.orange 6.light green 7.green 8.red brown 9.red

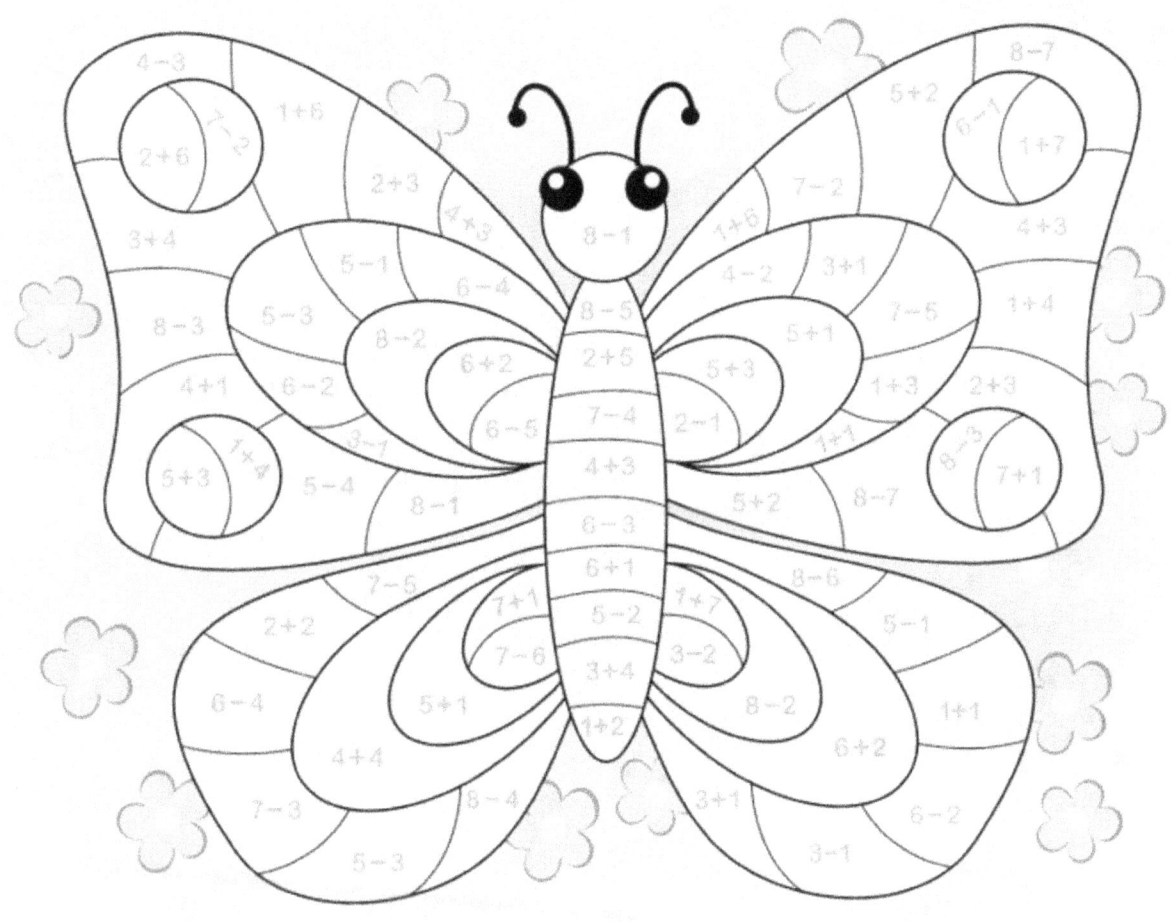

1.cyan 2.orange 3.yellow
4.green 5.red 6.purple
7.black 8.dark blue

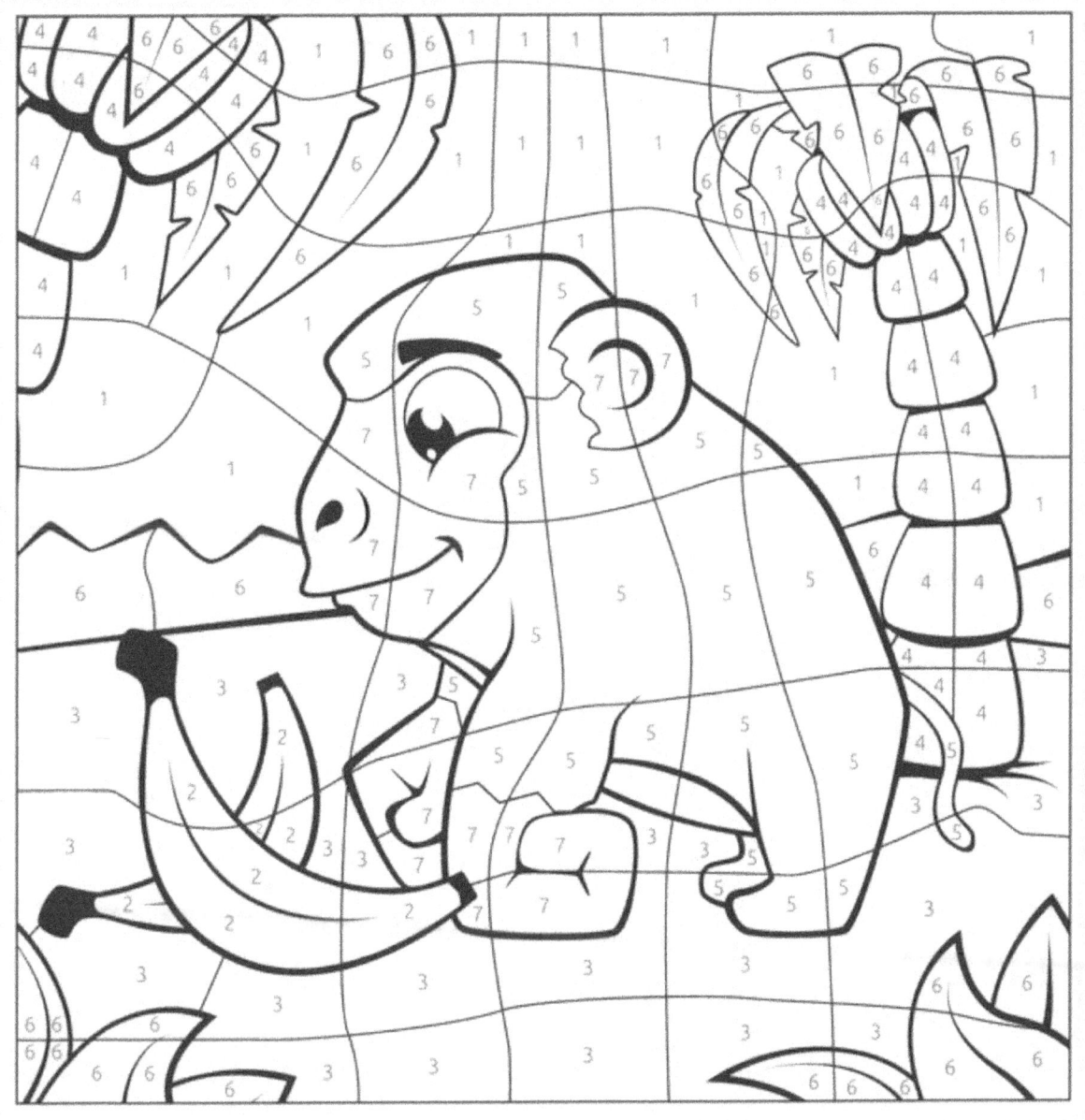

1.blue 2.yellow 3.light green
4.red 5.dark red 6.green 7.gold

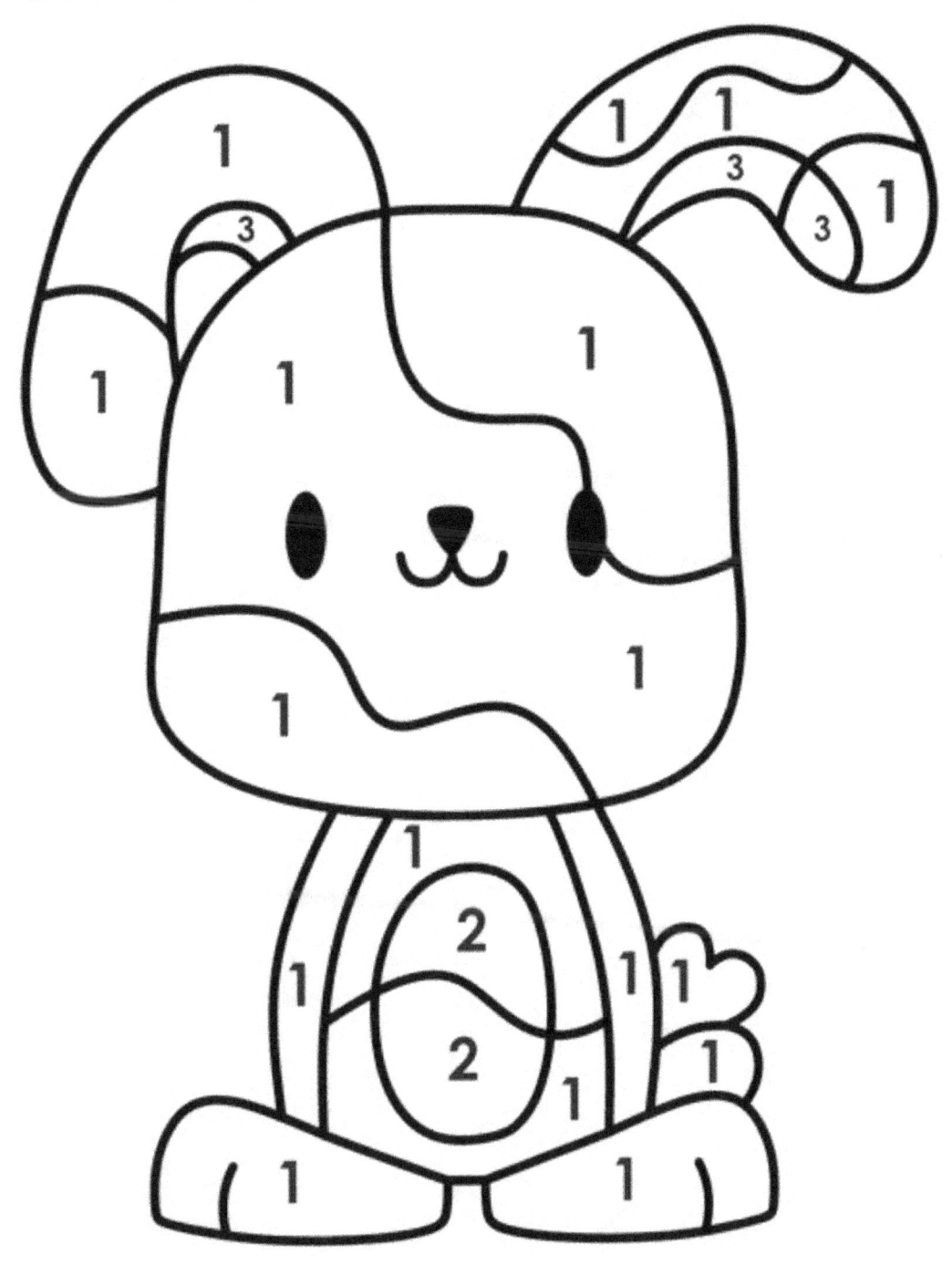

1.gray 2.silver 3.pink

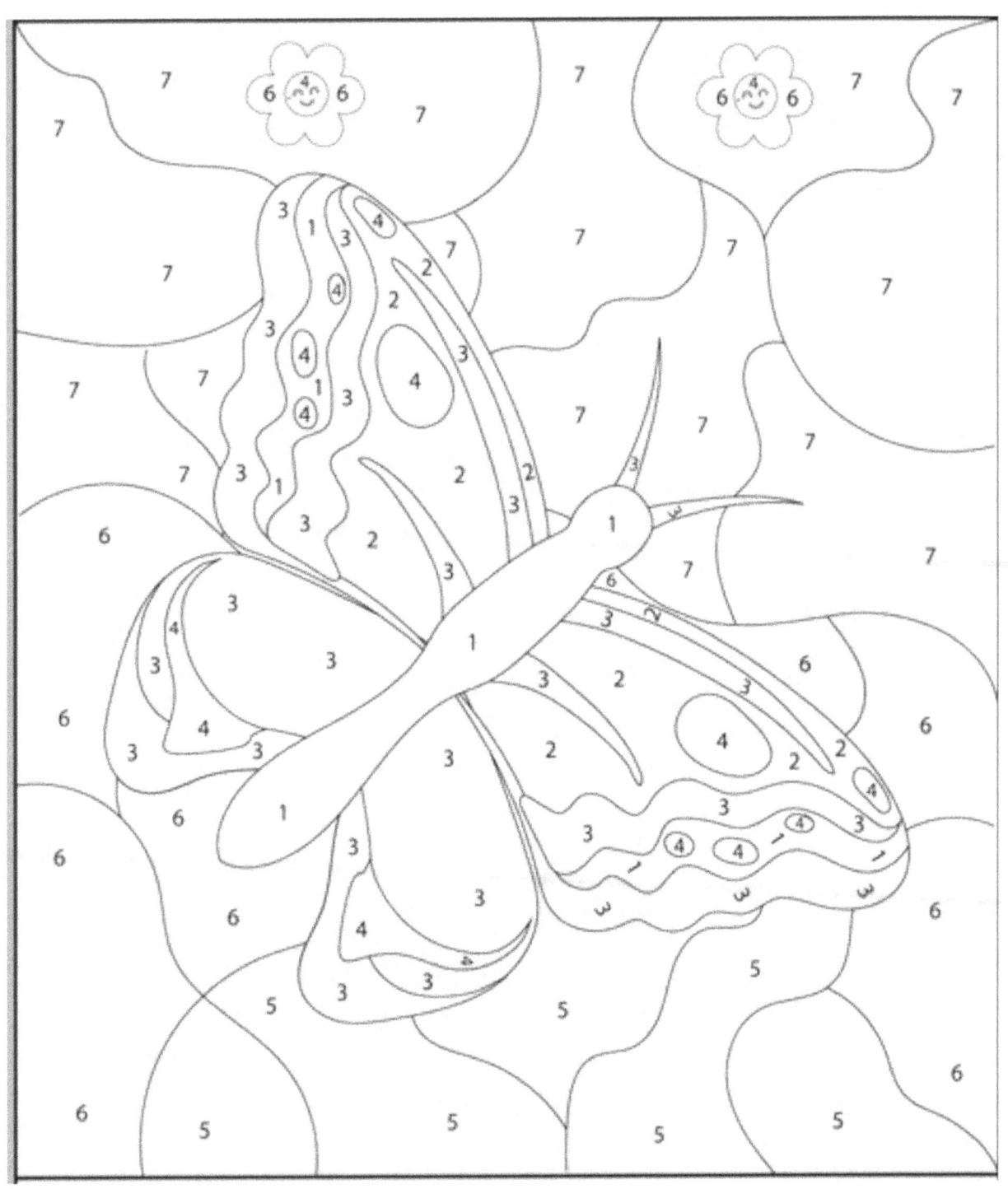

1.MAGENTA 2.RED VIOLET 3.INDIGO 4.YELLOW 5.LIGHT GREEN 6.GREEN 7.DARK GREEN

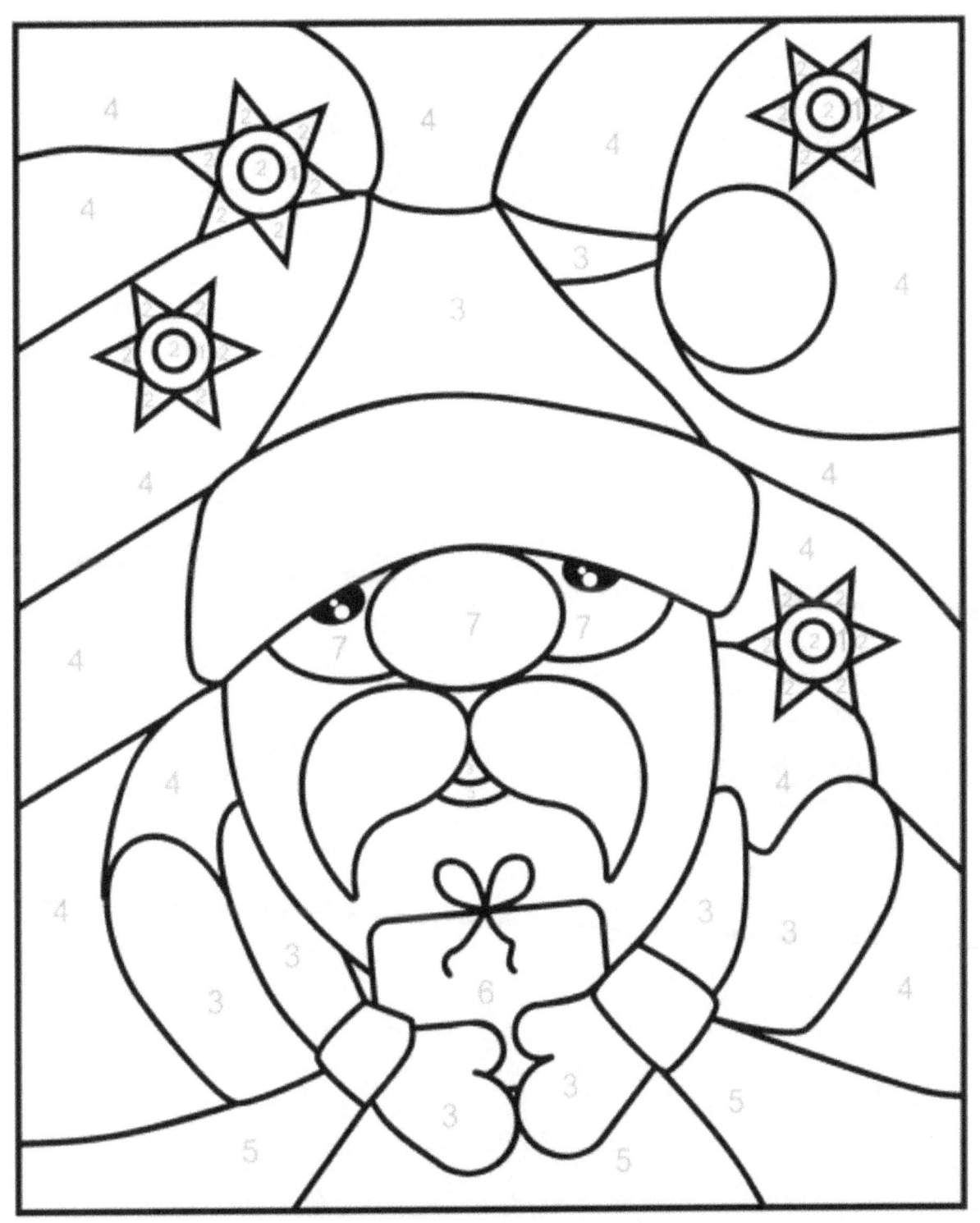

1.YELLOW 2.BROWN 3.PINK
4.AQUA 5.NAVY 6.GREEN
7.WHEAT

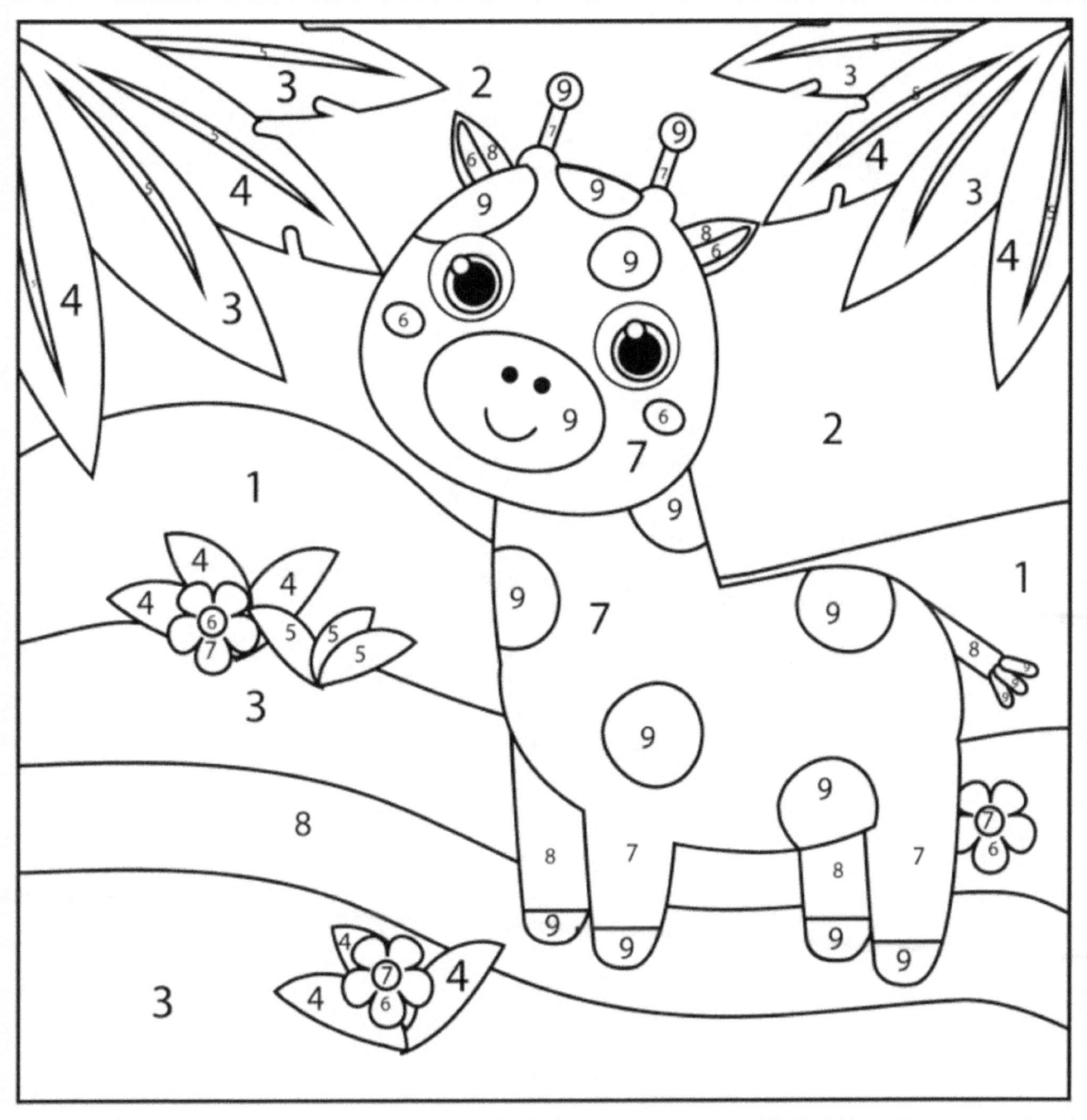

1.light blue 2.blue 3.green 4.dark green
5.light green 6.pink 7.yellow 8.dark yellow
9.brown

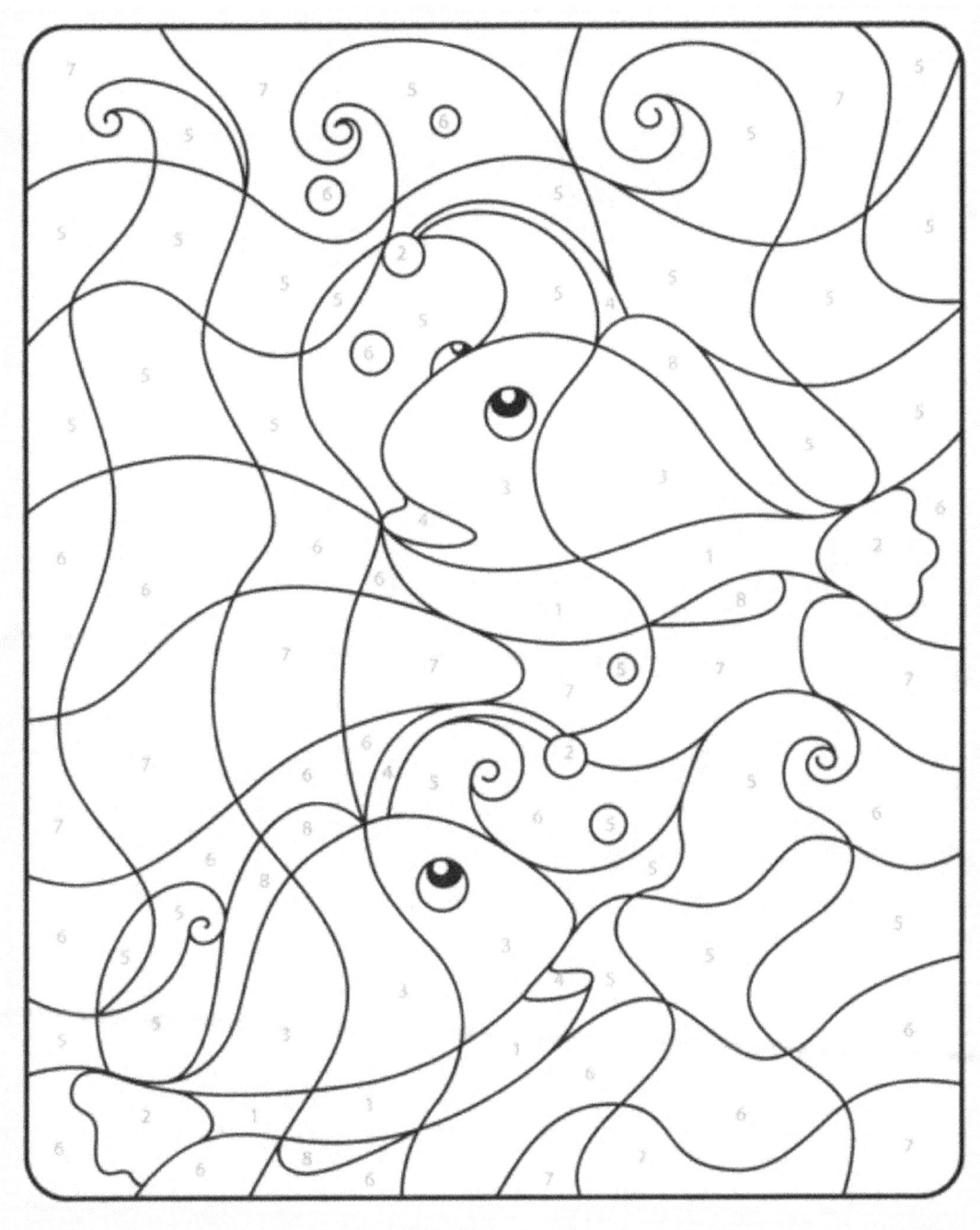

**1.orange 2.yellow 3.red 4.pink
5.aqua 6.sky 7.blue 8.purple**

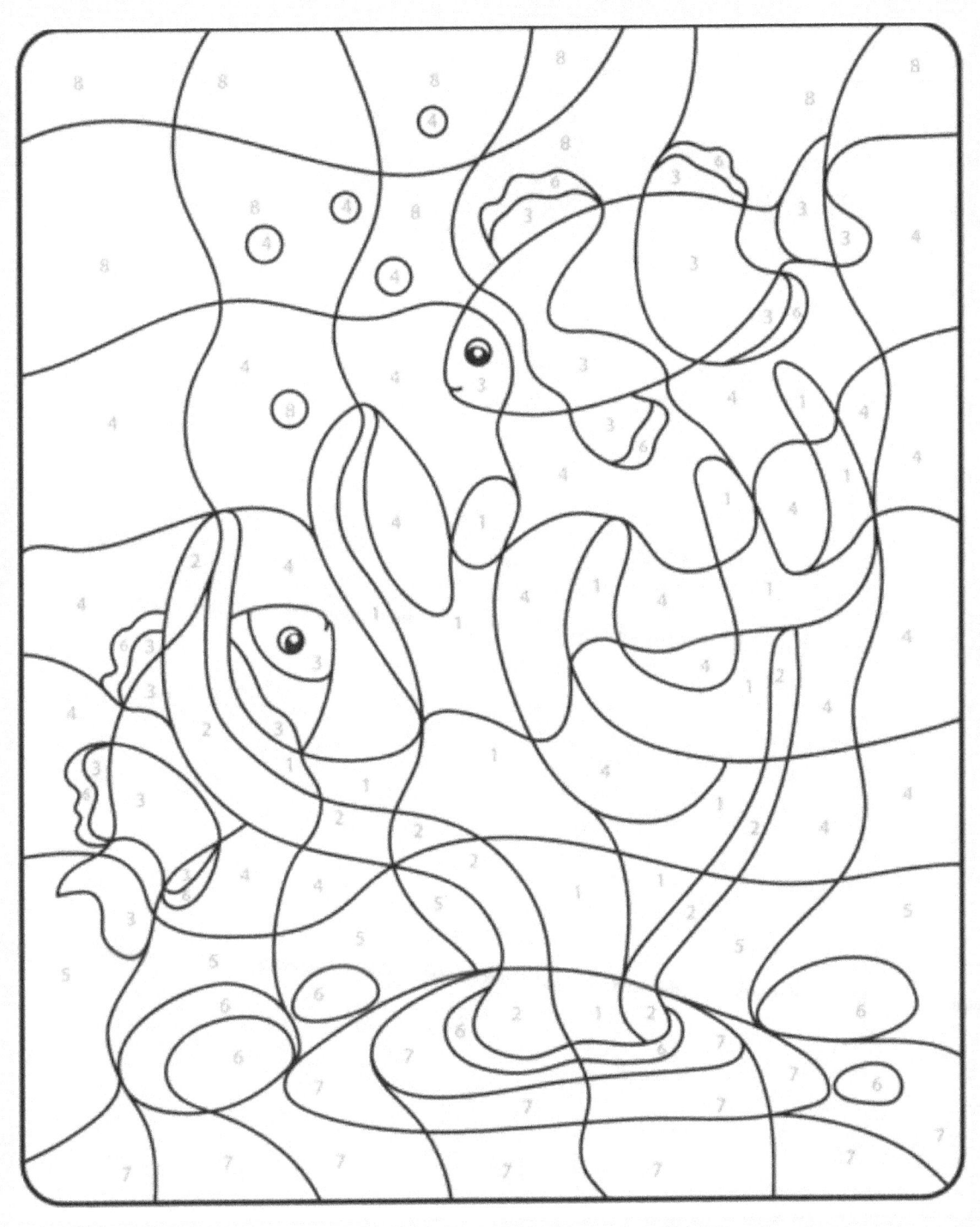

1.lime 2.olive 3.orange 4.sky
5.wheat 6.black 7.red 8.aqua

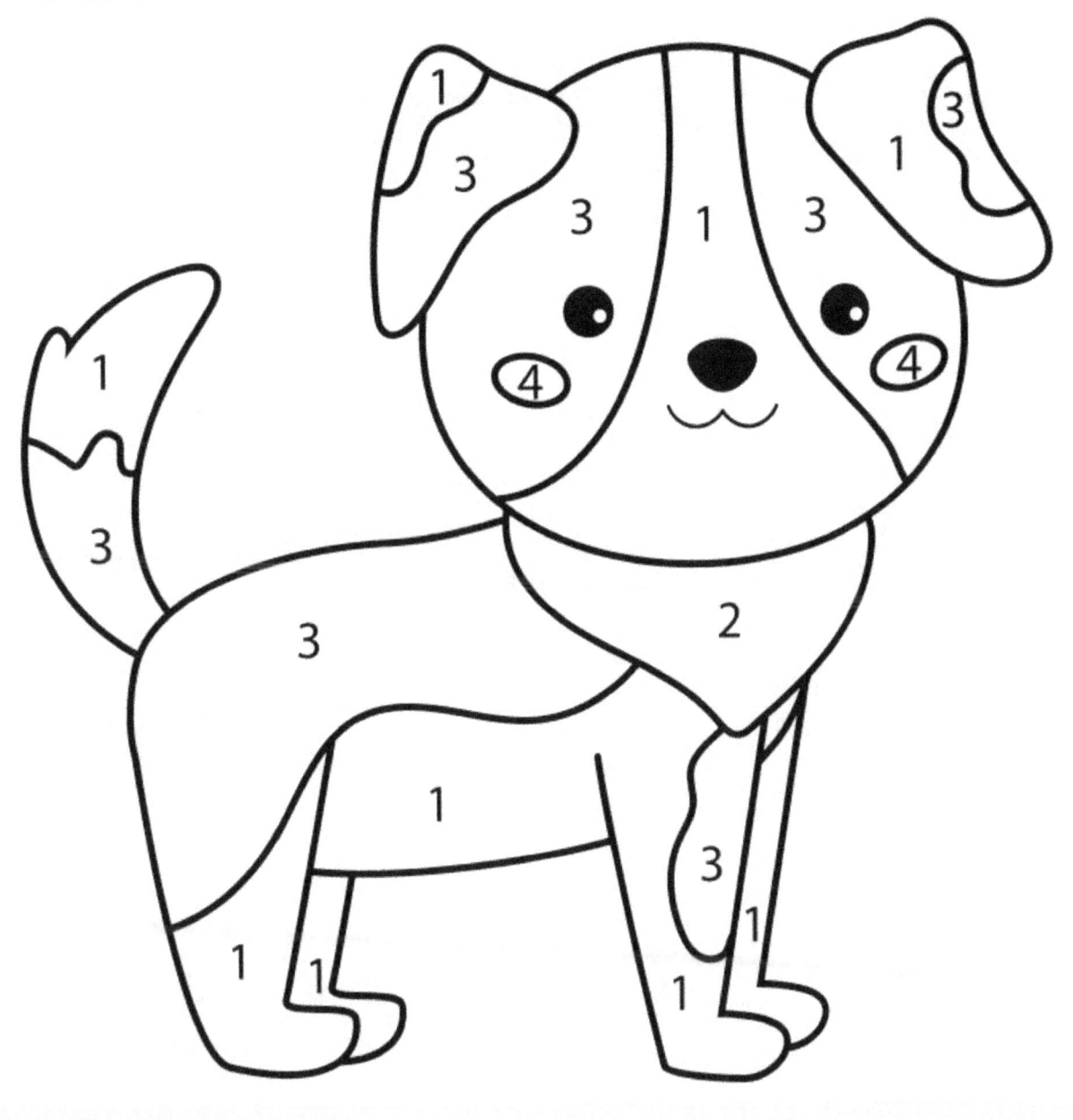

1.white 2.red 3.maroon
4.pink

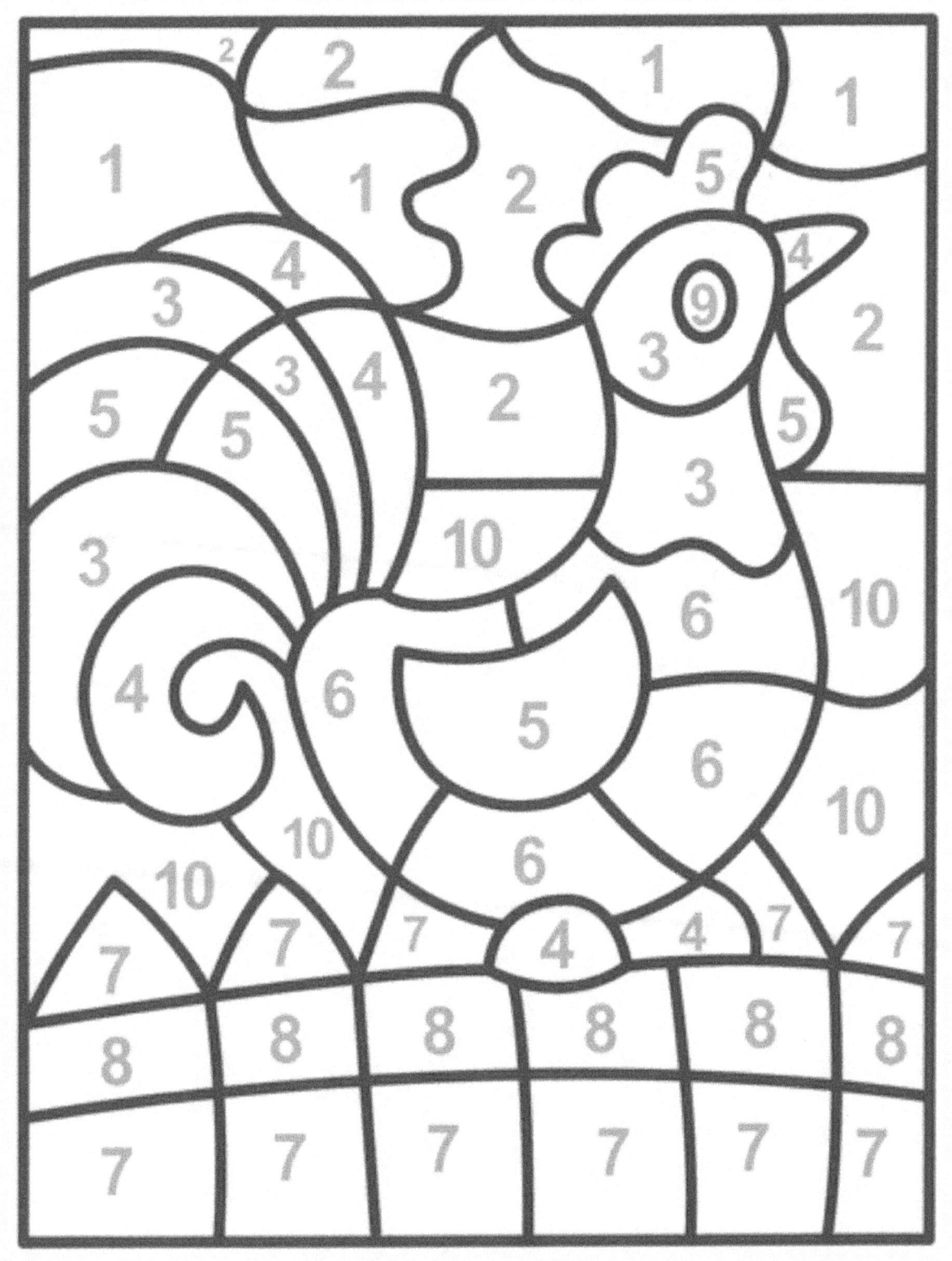

1.aqua 2.turquoise 3.yellow 4.orange 5.red
6.wheat 7.golden 8.brown 9.black 10.green

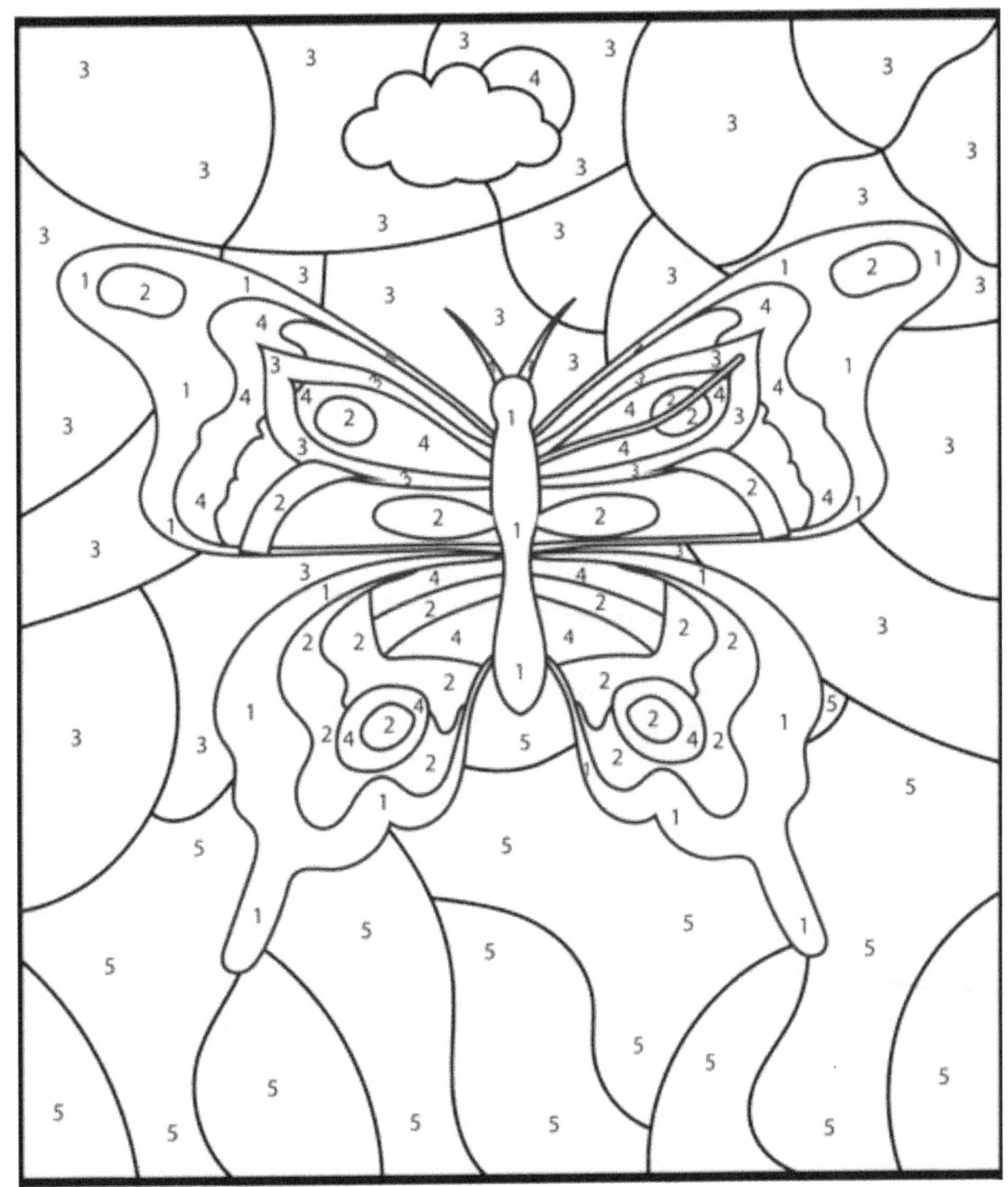

1.brown 2.red 3.cyan
4.orange 5.light green

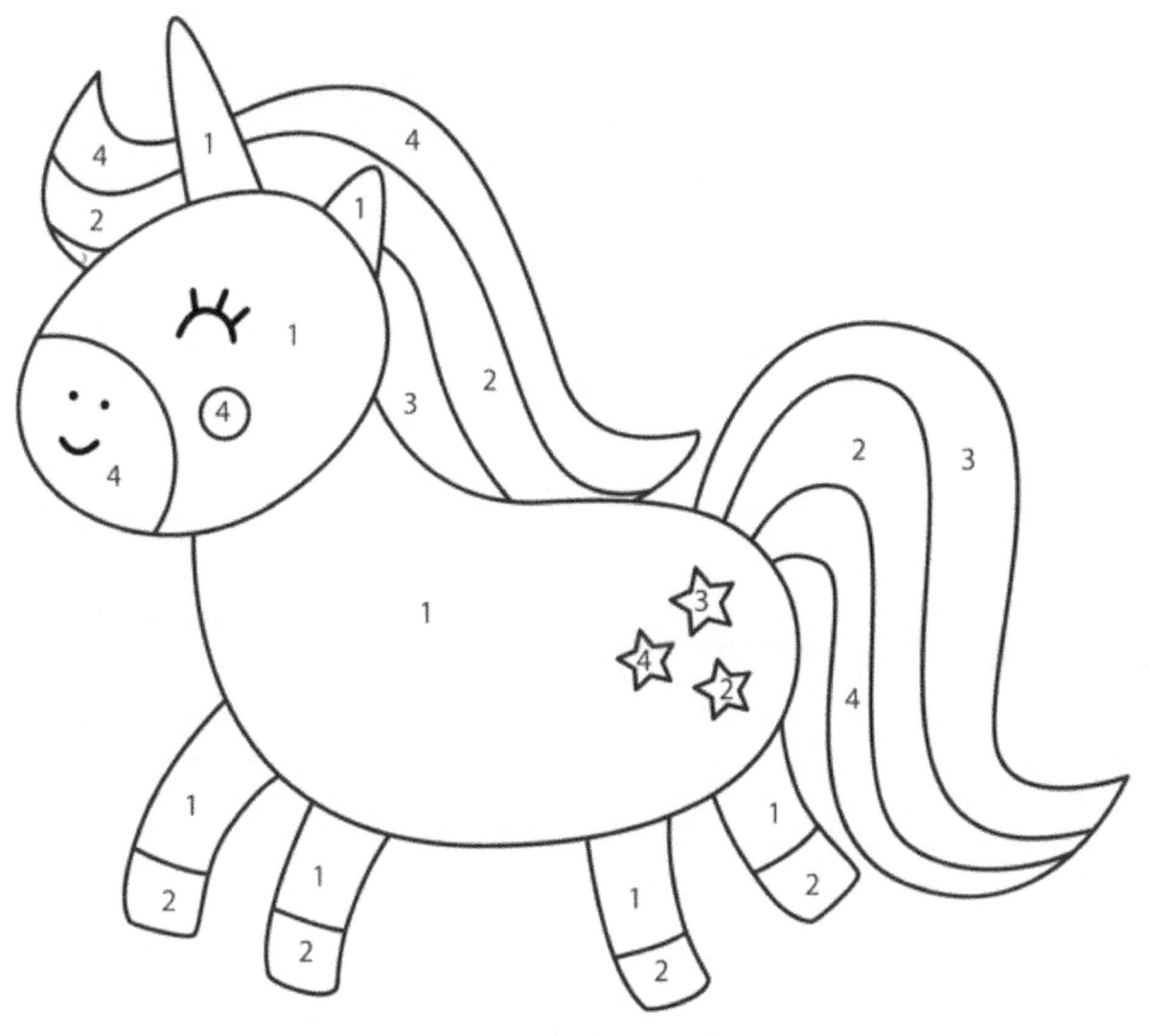

1.poink   **2.sky**   **3.red**

4.yellow

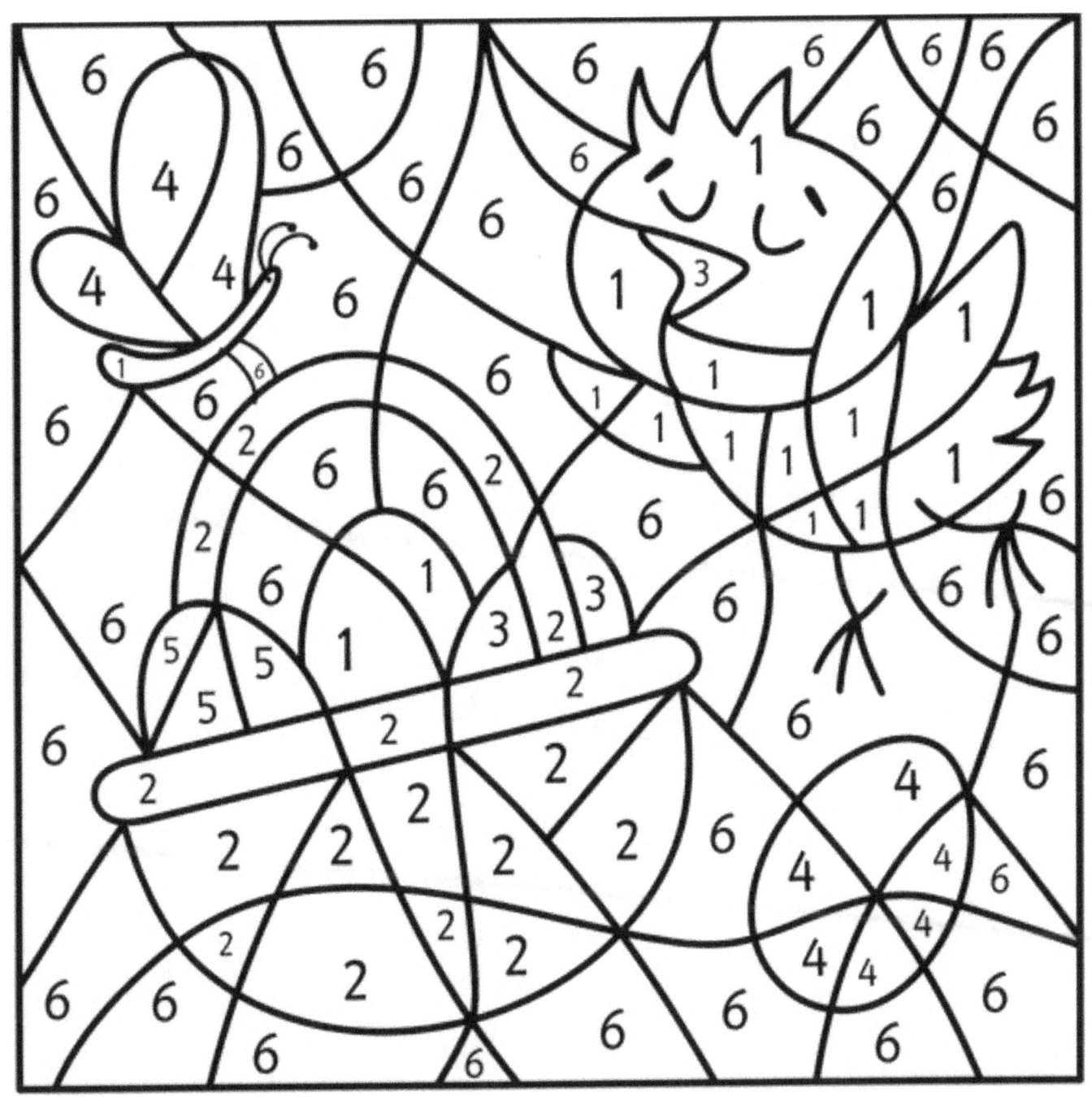

1.yellow 2.brown 3.red
4.pink 5.blue 6.green

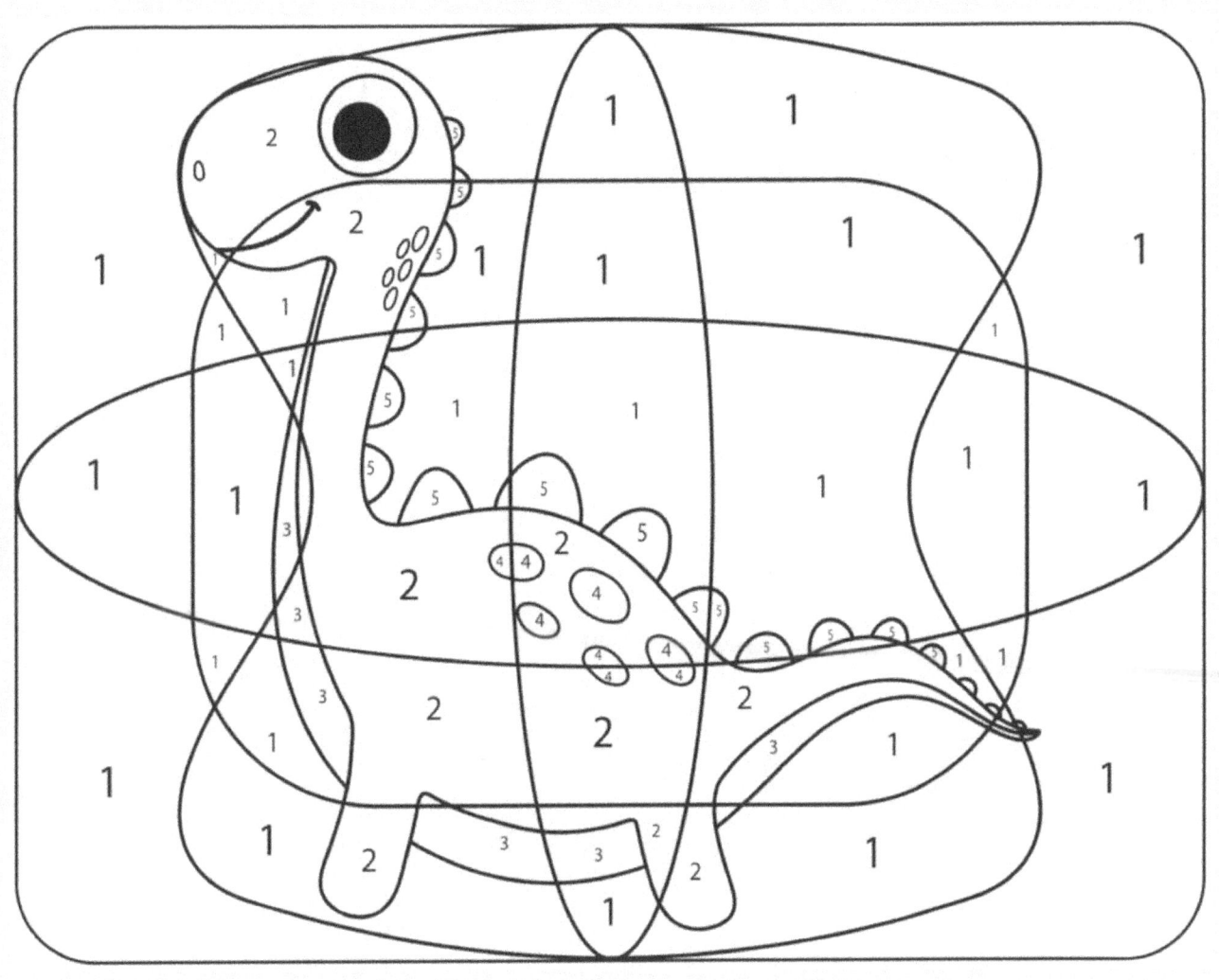

1.yellow 2.brown 3.wheat
4.chocolate 5.orange

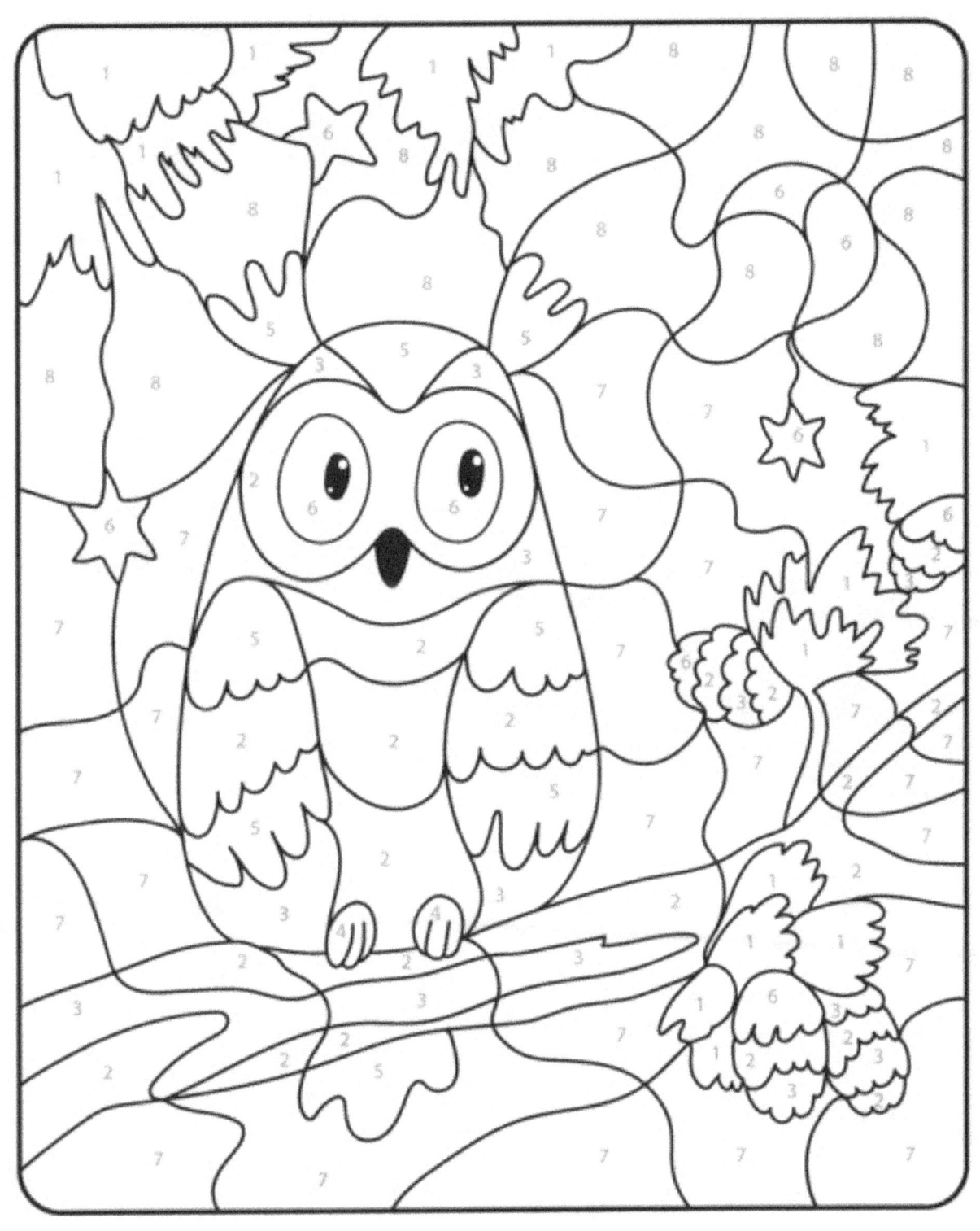

1.navy 2.gold 3.brown 4.pink 5.orange
6.yellow 7.blue 8.dark blue

0.sky 1.orange 3.light green
4.pink 5.violet 6.black 7.yellow

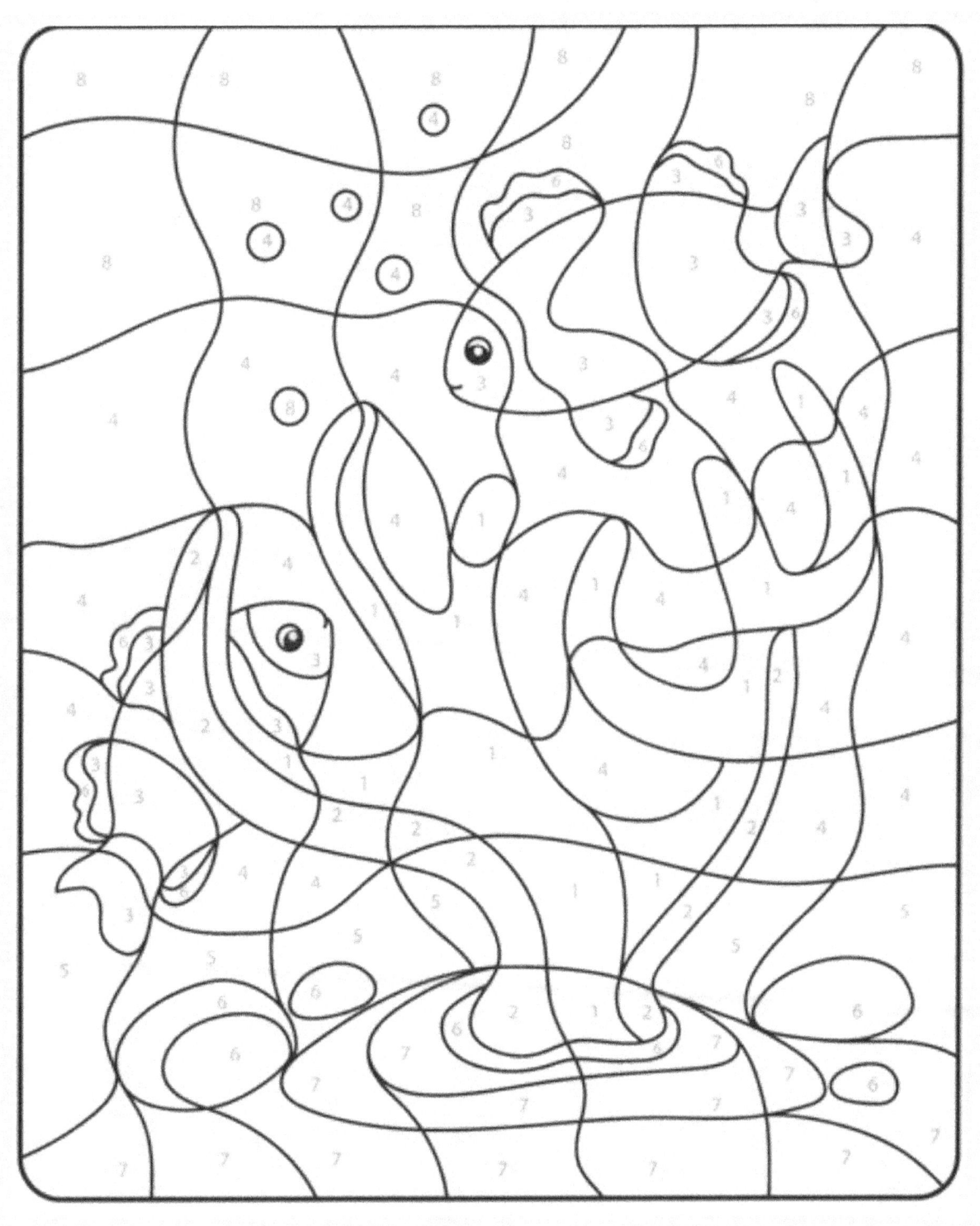

1.lime 2.olive 3.orange 4.sky
5.wheat 6.black 7.red 8.aqua

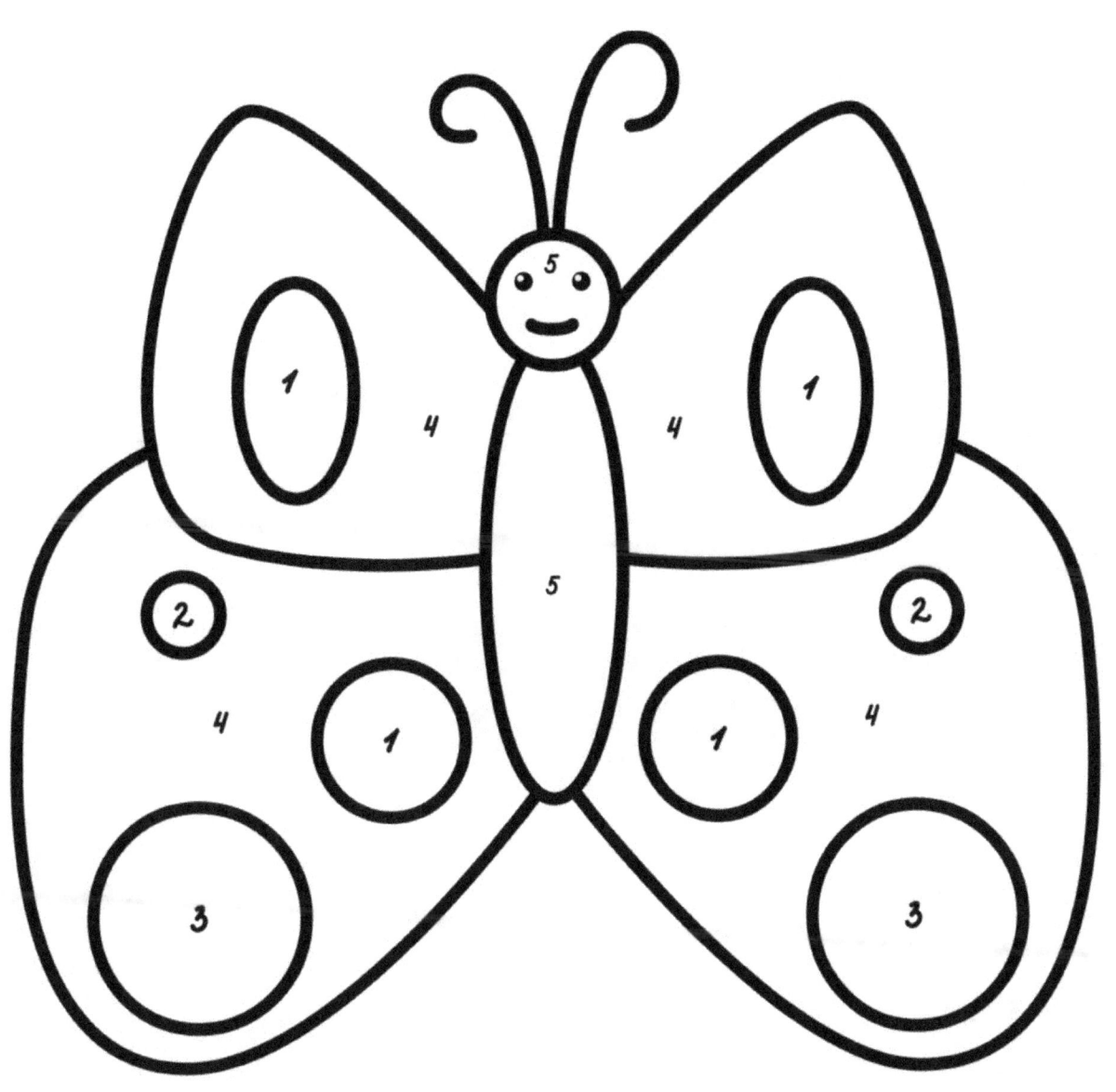

1.yellow 2.dark blue
3.green 4.silver 5.brown

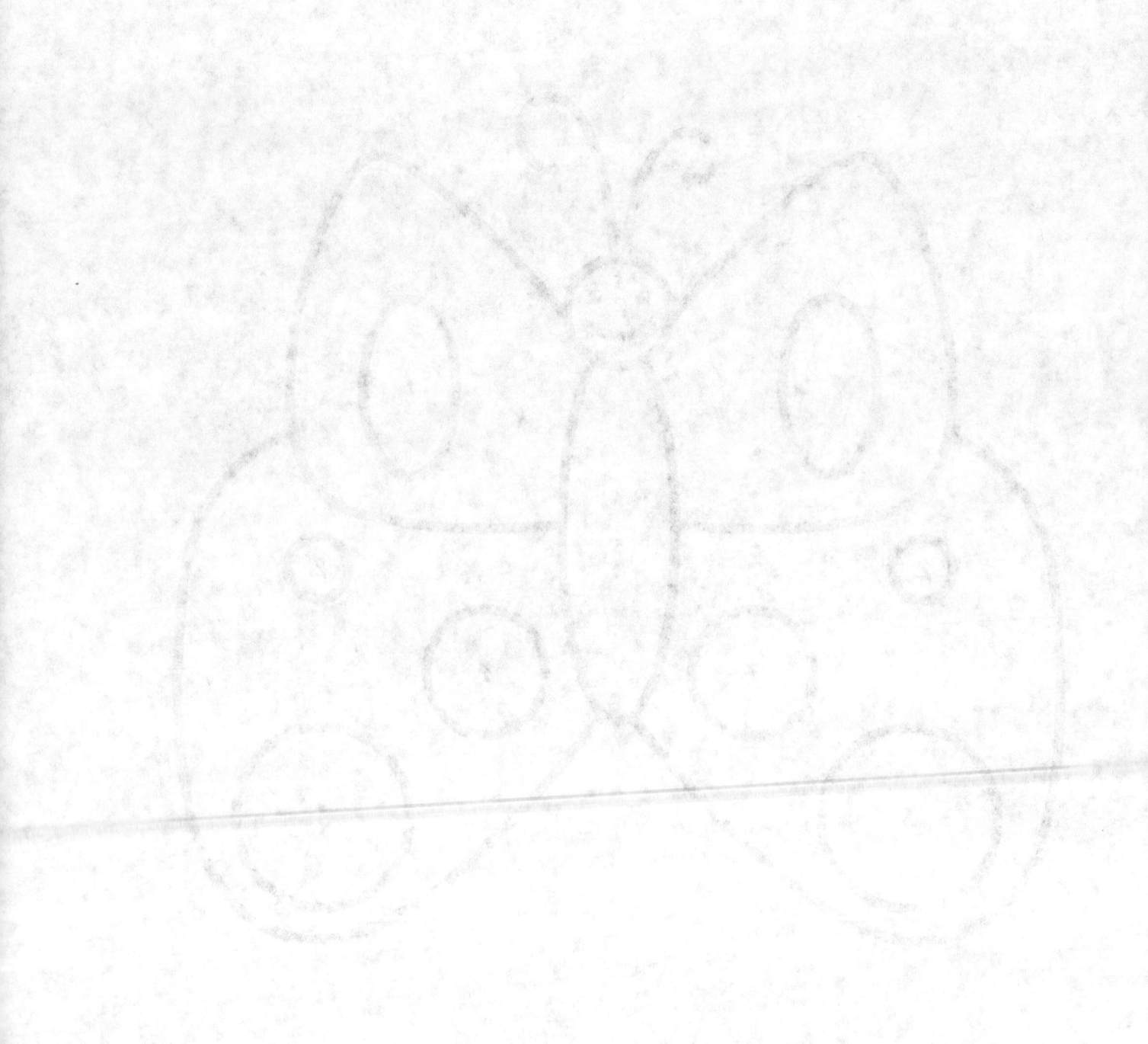

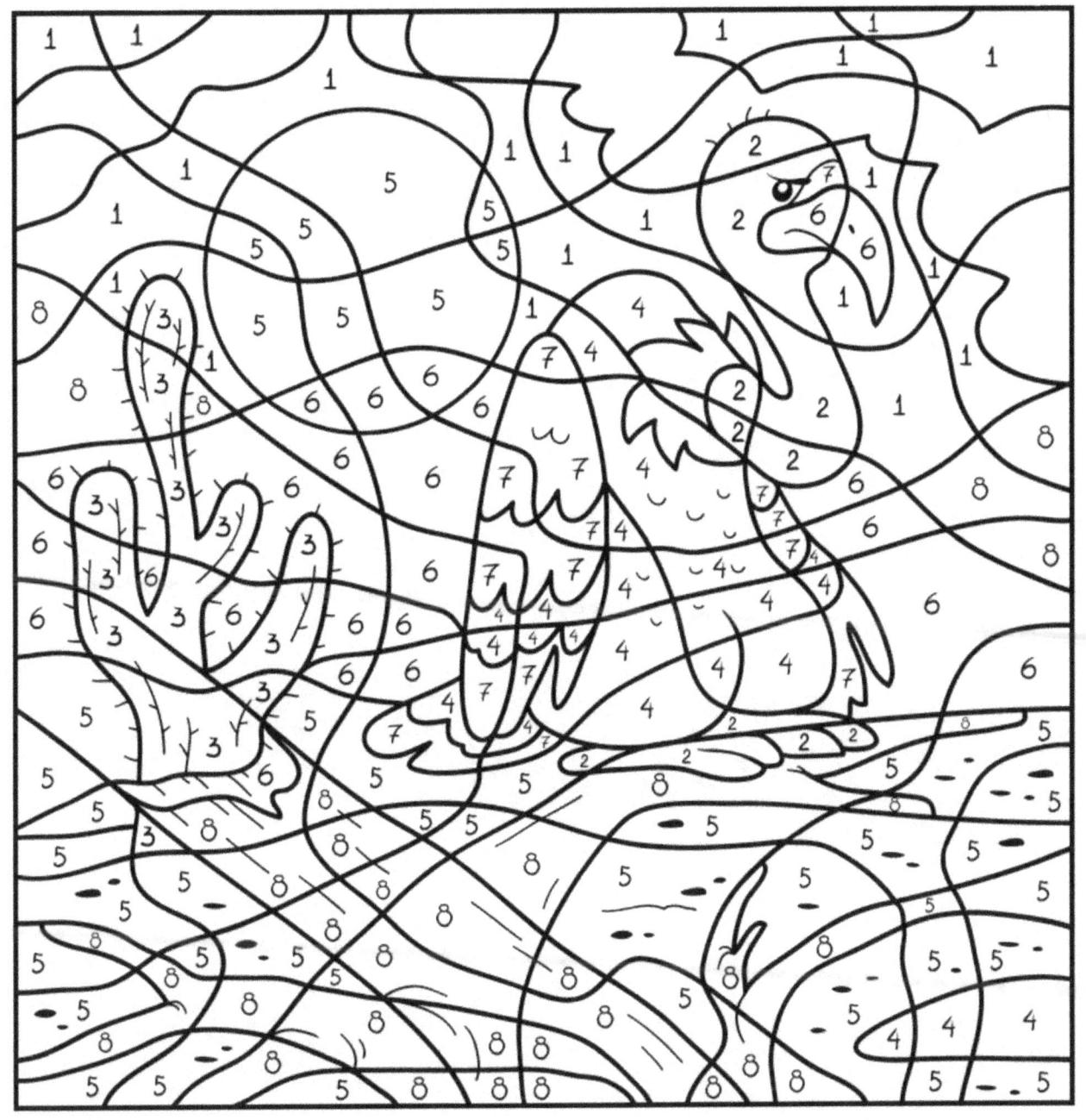

**1.light blue 2.pink 3.green 4.gray
5.yellow 6.orange 7.black 8.beown**

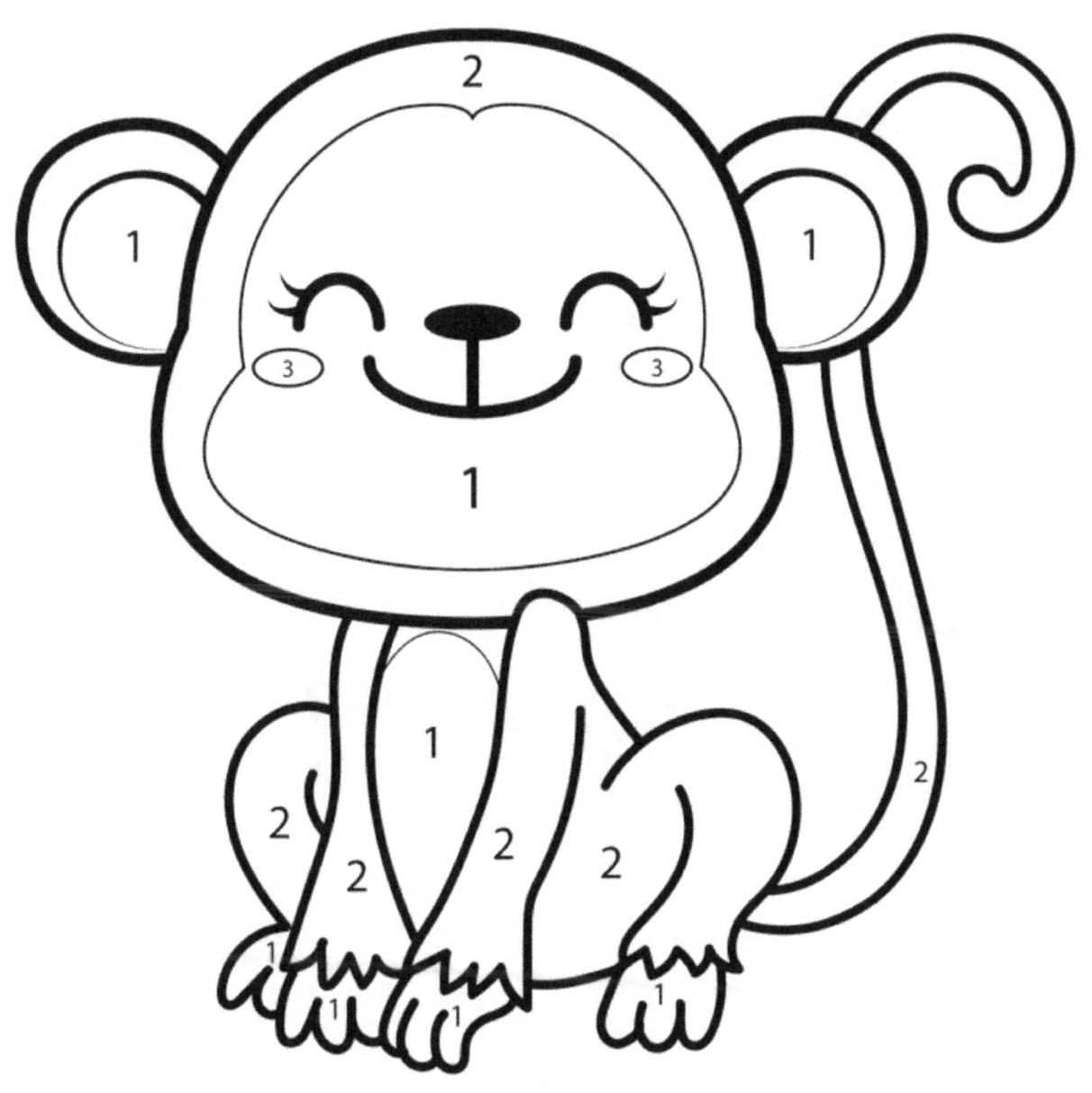

1.yellow 2.brown
3.pink

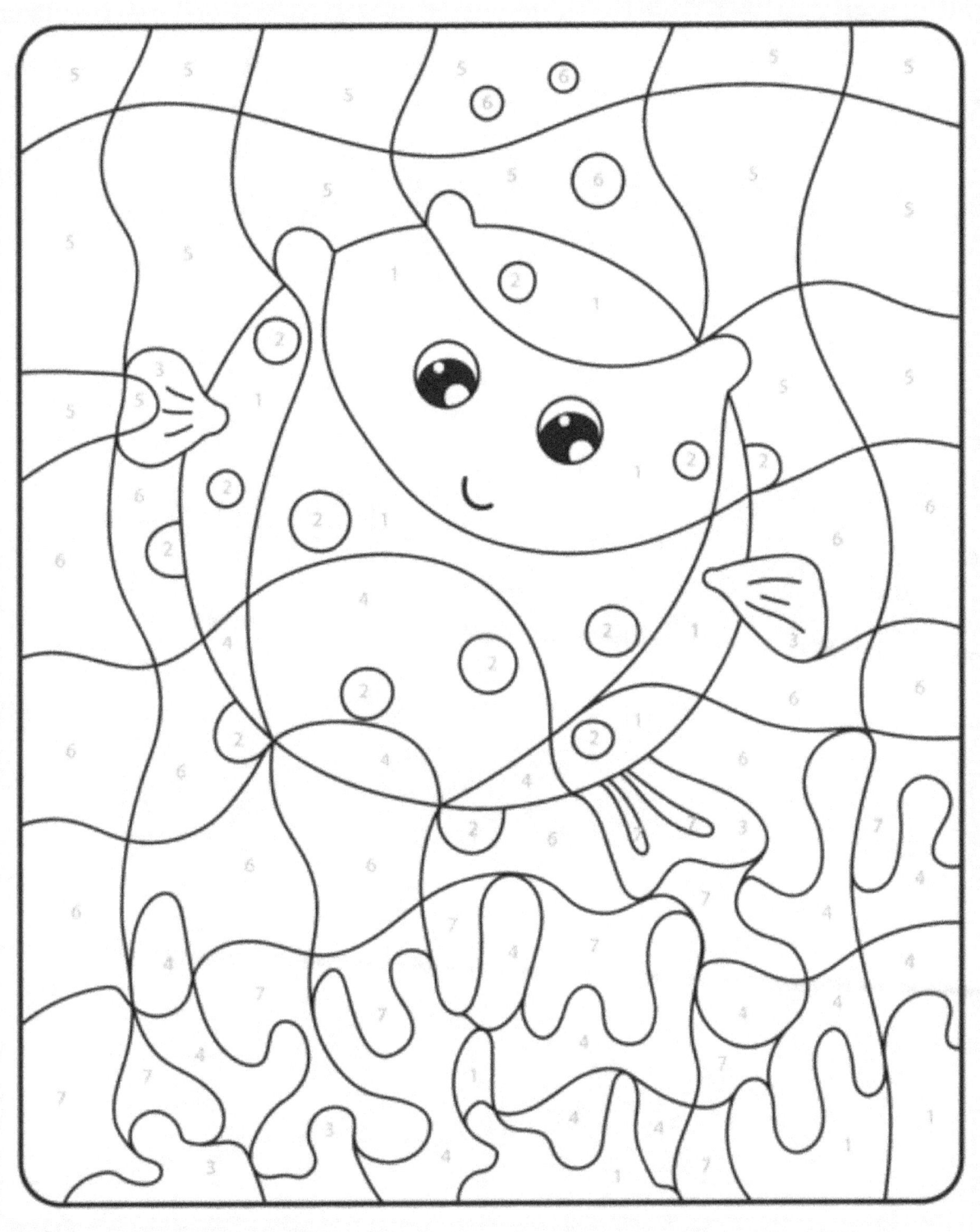

1.yellow 2.orange 3.red 4.teal
5.sky 6.blue 7.lime 8.navy

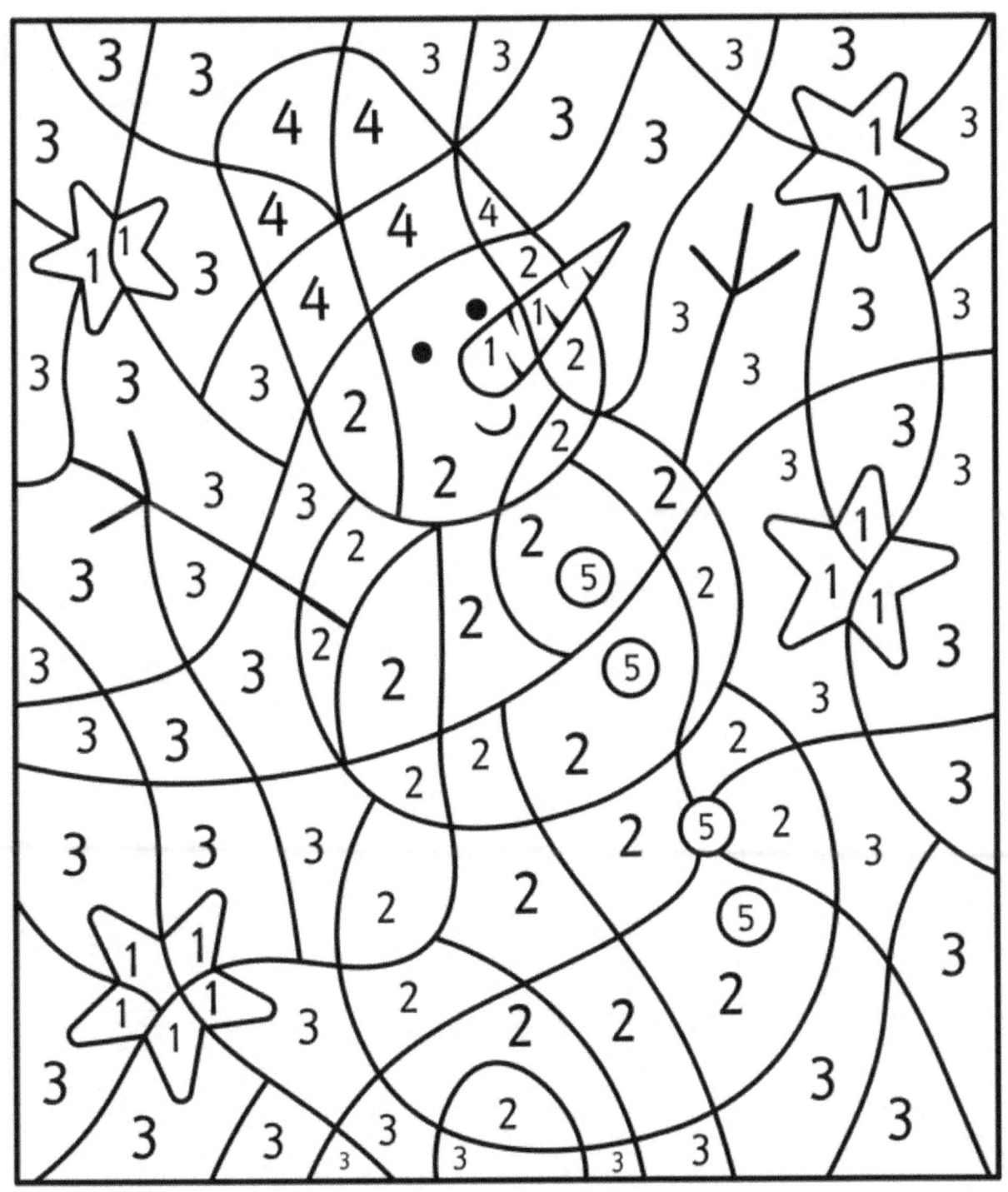

1.orange 2.grey 3.blue
4.red 5.brown

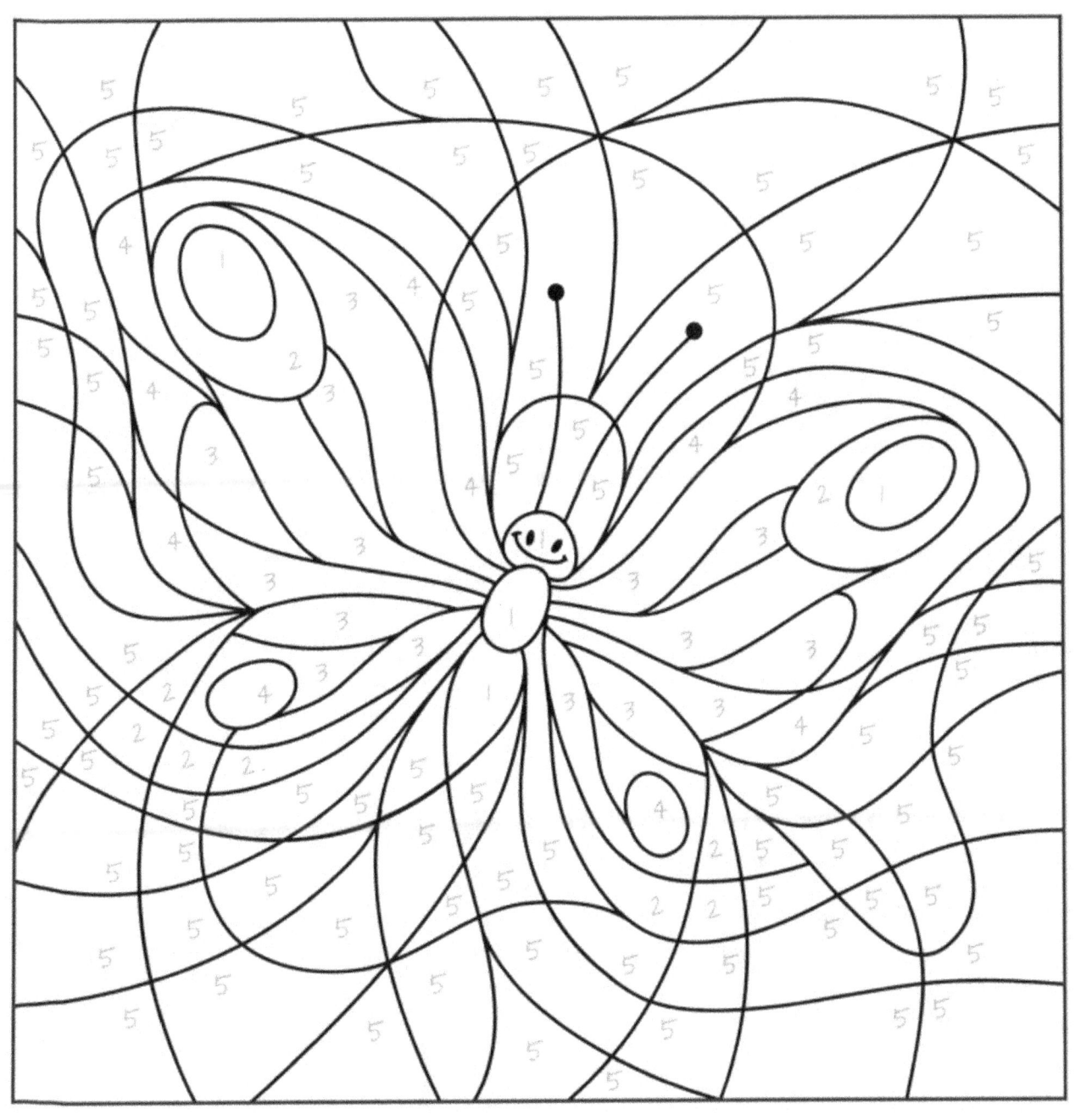

1.gray 2.yellow 3.orange
4.navy 5.turquoise